BEIKIRCHER

Konrads Küchen-Kabarett

BEIKIRCHER
Konrads Küchen-Kabarett

Ein rheinisch-internationales Kochbuch

1994

BOUVIER VERLAG · BONN

Zeichnungen und Rezepte: Anne Siering-Beikircher
Fotos: Donka Müller

Die Deutsche Bibliothek — CIP-Einheitsaufnahme

Beikircher, Konrad:
Konrads Küchen-Kabarett : ein rheinisch-internationales
Kochbuch / Beikircher. — Bonn : Bouvier, 1994
   ISBN 3-416-02523-7

Inhaltsverzeichnis

Suppen

Salate

Fisch

Geflügel

Fleisch

Ei

Gemüse

Desserts

Saucen und Marinaden

Das Morgenland -
Wiege der rheinischen Küche?

Der Orient die Wiege der Menschheit? Seßhaftigkeit und erste Hochkultur zwischen Euphrat und Tigris? Dat wüßt ich ewwer! Alles Quatsch! Wie so vieles, ist auch die Hohe Kunst des Kochens und Essens im Rheinland entstanden. Daß das heutzutage keiner mehr weiß, ist eher der Beweis für diese These als ihre Widerlegung. Was der Neandertaler, als rheinische Ausgabe des Urmenschen, im Tal bei Düsseldorf entwickelt hat, hat er der kölschen Ausgabe des homo sapiens weitergegeben. Dieser hat in den Höhlen bei Bonn, im Vorgebirge und in der Kölner Bucht dieses Erbe gepflegt und der Menschheit zum Geschenk gemacht. Aber wie es oft so geht mit Geschenken: Keiner will es haben, jeder schenkt es weiter, und zum Schluß weiß keiner mehr so genau, von wem es ursprünglich kam.

Dieses kleine Kochbuch will hier, wenn auch nur in Grenzen, Abhilfe schaffen und schmerzhafte Wissenslücken schließen. Es kann allerdings nur Anregungen geben, denn zu einer umfassenden Darstellung dessen, was das Rheinland alles der Menschheit geschenkt hat, bedarf es umfangreicher Forschungsarbeit durch Kompetentere, als ich es bin.

Hier nur so viel: Im Rheinland sind sie alle zu finden, der Japaner, der Chinese, der Italiener, der Grieche, der Spanier, der Inder und was es sonst noch an nationalen Küchen gibt. Was für einen Grund gäbe es denn, hier solche Restaurants zu eröffnen, wenn nicht den, daß die Kinder ihrer Mutter zeigen wollen, was aus ihnen geworden ist? Na also.

Abgesehen von diesem Aspekt finden Sie in unserem Kochbuch Rezepte. Anne, wat ming Frau es, hat sie alle gekocht, bevor sie in Druck gingen. Monatelang war unser Haushalt Versuchsküche und monatelang waren unsere Freunde Versuchskaninchen (wo Sie jrad sage: Kaninchen! Ein Kning-Rezept werden Sie in unserem Buch nicht finden. Warum? Weil ich et nit mag! Dodrum!) Verzeiht, liebe Freunde, Ihr habt tapfer durchgestanden! Und da, wo es weh tat, habt Ihr es gesagt. Klasse! Wissen Sie eigentlich, wieviele Rezepte Anne gekocht hat, die nicht im Buch sind? Jot, Schwamm drövver. Dat Zeug es injefrore, un irgendswann weed dat als Care-Paket nohm Osten jeschick! Zwischen den Rezepten sind Geschichten. Mal solch, mal solche. Ewwer Schluß domet. Jetzt kommt eine Einleitung, wie es sich gehört, und dann alle Platten an und los geht`s!

Für die immer liebenswürdige Unterstützung und die fachlichen Ratschläge danken wir dem heiteren Meister der Hohen Kunst des Kochens, Herrn Gerhard Witzki, Inhaber der „Traube" in Bonn (Sie wissen schon: Berliner Platz / Ecke Thomas-Mann-Straße!).

Einleitung

Die Primadonnen des Essens
oder
Mit vollem Mund soll man nicht sprechen

Kochen! Essen! Wunderbar! Der Tisch ist noch nicht abgeräumt, wir schenken unseren Freunden Wein nach, lehnen uns zurück und haben Zeit für schöne, anregende Gespräche. Was für ein Vergnügen! Vom Symposion des ansonsten recht adelig-asketischen Platon bis zur EatArt des gar nicht asketischen Daniel Spoerri: Wie ein roter Faden ziehen sich solche Tischrunden als Ausdruck visceral-geistiger Lebenslust durch die Jahrtausende.

Einige davon haben legendäre Berühmtheit erlangt: Platon, Trimalchio, König Artus, das mehrtägige Essen in Mainz anläßlich des Besuchs Heinrichs II., Kants tägliches Gelage an sich im Freundes- und Kollegenkreis, Bismarcks Champagnerbrunchs, „Das große Fressen" und Walter Scheels goldener Hochzeitsreis, um nur einige zu nennen.

Beim Essen trafen und treffen sich Geist und Lebenslust, beim Essen entstehen die großen Gedanken, beim Essen kann der Mensch endlich sein, was er sein soll: Mensch. Heißt es.

Bei Licht betrachtet, sieht es jedoch ganz, ganz anders aus. Nirgendwo sonst wird soviel Blödsinn gelabert wie beim Essen. Gute Gedanken fransen an den Rändern aus wie Fett, das sich am Tellerrand ablagert. Geistreiche Sentenzen werden abgewürgt von Sätzen wie: „Kann ich mal das Salz haben?" Die kühnsten Bögen werden auf den Teller zurückgeholt von Einwürfen wie: „Ja, schön und gut, aber versuch doch mal den Loup de mer, ich sage Dir: g-ö-t-t-l-i-c-h!"

Hören wir doch einfach mal rein in eine dieser legendären Tafelrunden höchsten geistigen Zuschnitts. Seien wir zu Gast beim täglichen philosphischen Mahl Immanuel Kants im Kreise seiner Kollegen. Es gab Suppe, danach Aalgrün in Dill, als Zwischengang den berüchtigten astpraißischen Schnaps mit dem Scheibchen Leberwurst drauf, Rinderschmorbraten, dann Stör mit diversen Gemüsen, Schnaps mit Leberwurst, Schinken, Käse und Räucherwurst, wieder ein Schnäpschen mit Leberwurst, schließlich Passha (s. Dessert-Teil) und Digestiv. Begleitet wurde das Mahl von Kröver Nacktarsch und Rosenmuskateller, den ein Kollege aus dem Burgenland mitgebracht hatte:

Kant: „Also, wie jesacht, verehrter Kollege Swedenborg, Jeschmack ist eine Kategorie, die, wie soll ich sagen..." Swedenborg: „Aber, lieben Kant, ober Geschmocken soll man nicht stroiten, Geschmocken soll man genießen, smørrebrød, smørrebrød, rømpømpømpøm..." Kant: „Na, na, lieber Swedenborg, Jeschmack ist eine rein jeistije Kategorie: Was gut ist, kann nicht schlacht sein! Dies wäre eine, wie heißt es jleich, contradictio in terminis, ein Terminwiderspruch, weil, wie jesacht, was gut ist, nicht schlacht sein kann. Jatzt nicht und später auch nicht! Noch ein Schluck Muskateller?"

Sie sehen, da war nicht viel mit philosophischen Geistesblitzen und schnell mal eben beim Essen der Welt auf den Grund kommen. Die Gespräche beim Essen sind meistens konjunktivischer Natur. Der Indikativ hat mit Essenslust so viel zu tun wie der kategorische Imperativ mit einem Glas Sherry.

Essensgespräche sind voller unscharfer Aphorismen („Der Karpfen ist das Schwein des Teiches"), schräger Einschätzungen („Die hätte nie Kinder kriegen dürfen", „Hat sie ja auch nicht", „Siehste!") und verdeckter Ehekriege („Komm Schatz, jetzt mach doch mal ein Foto", „Doch nicht von dem abgefressenen Tisch?!", „Aber das macht doch nichts, die Stimmung ist wichtig, so wie wir jetzt zu-sammensitzen..", „Immer will er Fotos machen, wenn der Tisch aussieht, als hätten die Vandalen

gehaust, als ob er es mit Absicht...", „Wasn, Absicht? Wieso Absicht?", „Um mich in ein schlechtes Licht zu rücken, als ob ich keine gute Gastgeberin wäre, vorhin, da sah der Tisch so schön aus, aber da denkst du natürlich nicht daran, ein Foto...") Das sind doch die Momente, auf die Freunde warten, wenn sie bei uns eingeladen sind! Das gibt Gesprächsstoff für die Heimfahrt („...und wie er sie blamiert hat! Vor unseren Augen! Geschmacklos") und für die Telefonate am Morgen danach („Ich wollte nur mal fragen: Ist Euch auch so schlecht?").

Mit anderen Worten: Essen im Freundeskreis ist eine heikle Angelegenheit. Im Zweifelsfall ist immer eine Flasche zu wenig da, das Mineralwasser nicht kalt, und das Besteck muß vor dem Dessert rasch gespült werden. Höchste Alarmstufe ist aber, wenn einer der Freunde aufsteht und hilft („Nee, laß man, ich mach das mal eben"). Dann weiß man, der Abend ist hoffnungslos in den Teich gefallen. In so einer Situation gibt es nur noch eines: Champagner auf den Tisch, aber nicht zu knapp, und auf Erinnerungslücken hoffen. Daraus können dann doch noch Abende entstehen, die Legende werden: Irgendwer haut um zwei Uhr früh eine Packung Spaghetti in den Topf, ein anderer macht ein Sößchen dazu, der Dritte fegt zur Tankstelle, um diesen leckeren Roten zu holen, und plötzlich ist eine Gelassenheit in der Runde, von der alle bis dahin nur träumen konnten. Die Nacht dehnt sich, wir lehnen uns zurück und genießen das Essen, die Freundschaft und die Tafelrunde.

So gesehen wünsche ich Ihnen viel Spaß beim Lesen, Kochen und Pflegen der zehn Zentimeter, die dem einen nichts, dem anderen alles bedeuten. Nehmen wir es doch rheinisch: „Schmecket, es et jot. Schmecket nit: Kölsch drövver, dann es et och jot!"

Frühstück

...und die schöne, scheue Schöpferstunde
oder
Frühstück mit Anlauf

Natürlich geht die Sonne auch über dem Rheinland auf. Natürlich fängt auch hier der Tag morgens an. Dennoch: Der Morgen ist keine rheinische Tageszeit. Dat is, irjendswie: nee! Mediterraner Mensch, der er ist, braucht er Anlaufzeit und läßt den Tag langsam kommen. Wenn der dann voll da ist, ist es der Rheinländer auch. Früher, ja, da war das anders. Da hat der Rheinländer morgens am Ufer des Stroms getafelt, der Kranz Kölsch schaukelte in den Fluten des Rheins und die mächtigen Holztische bogen sich unter der Last der Köstlichkeiten. Rheinlachs, Schillerlocken und Bismarck-heringe, Flöns und Leberwurst, Öllich (Zwiebel) und Meerrettich, Bündner Fleisch (vom langen Transport den Rhein runter schon etwas aufgeweicht) und Mettbrötchen, Frikadellchen und halver Hahn zierten die Tafel. Nach dem Frühstück wurde dann eine kleine Bötchenstour gemacht, dä Rhing erop un dä Rhing erav, dann fuhr man nach Köln nohm „Früh" für den Zwischengang mit Hämchen und beschloß, so gestärkt, den Tag in einer der vielen Karnevalssitzungen, die es damals noch täglich gab. Das aber ist, wie gesagt, lange her. Der Römer kam und brachte die Prinzipien des merkantilen Lebens, Espresso und Parma-Schinken, mit. Der Rheinländer sah, daß es morgens auch ein Täßchen Kaffee tut (dabei kreierte er gleich den geschäftstüchtigen Spruch: „Im Jarten nur Känn-chen!") und verkloppte dat janze Frühstücksjedöns dem Wikinger nach Schweden, der seitdem Smørrebrød als seine Erfindung preist. Das opulente Frühstück von damals vermißt allerdings keiner. Tass Kaff un e Brütche dät et och. So ist das Frühstück hierzulande weder englisch noch kontinental, weder amerikanisch noch schwedisch und schon gar nicht deutsch. Es ist mediterran.

Milchkaffee

-eZ-

1/2 l Espresso *1/2 l Milch*	Die Milch unter ständigem Umrühren in einem kleinen Topf aufkochen lassen. Vom Herd nehmen und weiterschlagen. Diesen Vorgang dreimal wiederholen, dann bleibt der Schaum stabil. Diese aufgeschäumte Milch zum Kaffee geben. Zugegeben: morgens wäre das etwas viel verlangt. Zu allen anderen Tageszeiten jedoch lohnt der Geschmack die Mühe. TIP: Kakao drübersieben

Alles Sauber

Gehören Sie zu den Frühaufstehern? Dann blättern Sie bitte sofort weiter. Diese Zeilen sind nicht für Sie bestimmt.

Ich hasse frühaufstehen. Das Bett ist so schön warm. Umdrehen. Nur noch fünf Minuten. Aber nein. Gnadenlos turnt unser Jüngster auf mir herum. Bestens gelaunt. Wach. So was von wach. Ich kann ihn noch nicht mal „abgeben", weil Anne unser Töchterchen gerade zum Kindergarten bringt. Ich nicke dennoch wieder ein. „Alles sauber!" berichtet stolz unser Jüngster. Eine fürchterliche Ahnung macht sich langsam in meinem Hirn breit, er hat doch nicht etwa schon wieder...? Patschnaß steht er am Bettrand und schwenkt zufrieden den Waschlappen. Ich falle aus dem Bett und stolpere ins Bad. Ja, er hat. Das Bad steht unter Wasser und das Waschbecken ist sorgfältig mit Annes Tagescreme eingeschmiert. Er strahlt mich an und wiederholt: „Alles sauber, Papi!". Wer als Eltern im täglichen Kampf mit den Kindern überleben möchte, muß eine Fähigkeit besitzen: Er muß Tätigkeiten, die sich oft wiederholen, im Halbschlaf verrichten können. Ich habe es darin zu einiger Meisterschaft gebracht. Ohne wirklich wach zu werden ziehe ich unseren Jüngsten um, klemme ihn mir unter den Arm, um neue Aktionen ähnlicher Art zu verhindern, wische das Waschbecken ab, lege das Bad trocken und stolpere in die Küche. Ich lenke ihn mit einem Butterhörnchen ab, setze Wasser auf, mahle Kaffee und hole die Haferflocken aus dem Schrank. In der Zwischenzeit hat er die Milch aus dem Kühlschrank geholt und in regelmäßigen Pfützen auf dem schwarzen Küchenboden verteilt.

Unsere Auffassungen über die ästhetische Gestaltung des Küchenbodens gehen weit auseinander. Ich weise ihn auf die Qualitäten des Butterhörnchens hin, und mit einigen Bemerkungen über die Vergänglichkeit von Kunst hole ich den Aufnehmer aus dem Spind. Danach schneide ich die Banane in den Teller, nehme ihm das scharfe Küchenmesser ab, das er nicht wirklich zum Essen des Butterhörnchens braucht, presse eine Pampelmuse aus, schütte die Haferflocken drüber und bin froh, daß er noch etwas Milch fürs Müsli übrig gelassen hat. Ich wasche ihm die Hände, die er sich schmutzig gemacht hat, als er das Butterhörnchen in den Mülleimer gestopft hat, setze ihn an den Tisch und hole den Kaffee vom Herd. Ich habe die Tasse vergessen. Ich klemme mir den jungen Mann noch mal unter den Arm, weil ich nicht auch noch Kaffee und Müsli vom Boden wischen möchte, dann setzen wir uns hin. Ein Löffel für Dich, ein Löffel für mich, nein, Kaffee ist nichts für Dich, und langsam beginnt der Tag zu glänzen.

Konrads kleines Mus

-eZ-

1 Banane *Saft einer Pampelmuse* *100 g Haferflocken* *etwas Milch*	Banan op dr Deller, Flocke dabei, Saff drop un jet Milch erein. Dat dät jot un dr Daach kann kumme!

Vorspeisen

Lirum, Larum, Löffelstiel

„Copertum" hat es der Römer genannt, das Gedeck. Und dazu gehörten: diverse Buttermesserchen, Gabeln, Löffel, Saucenlöffel, Marklöffel, Kaffeelöffelchen, Fischmesser, Fleischmesser, Steaksäge, Käsegabeln, Kuchengabeln, Dessertlöffel und Servietten. Dazu gehörten auch der Essig-und-Öl-Ständer, der Pfefferstreuer, die Salzmühle, das Garum-Fläschchen, das Dentiscalpium (et Zahnstocherchen) und die Tischkärtchen (in dem Falle am Kopfende des Sofas!). „Coperto" nennt es der Italiener heutzutage, „et Handwerkszeuch" sagt der Rheinländer dazu.

Aber was wäre diese ganze Herrlichkeit, fehlte das Wichtigste: das kleine Körbchen mit dem Brot. Nee, wat es dat schön! Man hat sich gerade hingesetzt, weiß noch nicht so recht, guckt beiläufig in die Karte, ist sich angeregt am unterhalten (!) und schwupp! ist das Körbchen mit Brot auf dem Tisch. Und wie sich alle drauf stürzen!

Da gibt es die Krümler, die nervös am Brot herumzupfen, bis es systematisch über den ganzen Tisch verteilt ist. Ab und zu wischen sie mit der Hand über die Tischdecke, kippen dabei in der Regel ihr Glas um, legen sich mit der Serviette trocken, rufen: „Salz! Da muß Salz drauf wegen der Flecken", falls es Rotwein war, und krümeln weiter.

Dann gibt es die Häufler, die Unmengen von Butter, Knoblauchbutter, Gänseschmalz oder was immer in dem kleinen Töpfchen ist, das dekorativ den Tisch ziert, bevor aufgefahren wird, auf möglichst kleine Abrisse vom Brot streichen. Wie viel auf einer Messerspitze Platz hat! Wie weit sie die Finger spreizen können, weil sie sich nicht bekleckern, aber trotzdem das Brotstück noch halten

29

wollen! Wie beinahe alles auf dem Weg zum Mund herunterfallen kann! Wie weit sie den Mund öffnen können! Atemberaubend.

Ganz anders die Stullenschmierer: Sie holen sich Scheibchen für Scheibchen auf den Teller, beschmieren sie konzentriert mit Aufstrich, und immer warte ich darauf, daß sie gleich eine Plastikdose aus ihrer Aktentasche holen (der Stullenschmierer hat immer eine Aktentasche dabei!), die beschmierten Brötchen sorgfältig in Servietten einpacken und alles zusammen "für nohm Büro" in der Dose verstauen.

Es gibt die Vorsorger, die sich sofort drei oder vier Brötchen nehmen, weil sie dem Restaurant und seinen Beilagen mißtrauen. Sie sparen die Brötchen bis zum Hauptgang auf, um sie dann doch nicht zu essen, weil die Kartöffelchen so lecker waren.

Rar, aber niedlich zu beobachten, sind die Pillendreher. Wie elegant sie mit drei (niemals zwei!) Fingern nach dem Brot langen! Wie geschickt sie aus dem Weichen kleine Pillchen drehen können ohne hinzusehen! Wie beiläufig die Pillchen über den Tisch rollen oder ins Weinglas fallen! Wie hübsch die Pillchen ihre Farbe wechseln: vom unschuldigen Weiß bis zum tiefen Schwarz!

Dann gibt es die Intensiven: Sie sind so in das Gespräch vertieft, daß sie gar nicht merken, daß sie ein Brot in der Hand halten. Wild fuchteln sie damit vor den Augen ihrer Tischnachbarn herum und hauen es auf den Tisch, um ihren Argumenten Kraft zu verleihen. Einer dieser Intensiven legte sich ein Brot auf den Teller und erzählte dabei von seiner Mutter: Daß sie jetzt leider im Krankenhaus sei und liebevoller Pflege bedürfe, daß er gerne jeden Tag zweimal hinführe, habe sie sich doch früher immer sehr um ihn gekümmert und jetzt sei eben er dran, daß sie sich so sehr über seine Besuche freue und stundenlang aus seiner Kindheit erzähle, Geschichten, die er bisher noch gar nicht gekannt

habe, daß darüber die Zeit im Fluge vergehe und daß er überhaupt über diese Besuche ein so inniges Verhältnis zu seiner Mutter gewonnen habe, wie er es bisher noch nie gehabt habe. Und während er erzählte, bohrte er mit der Messerspitze im Brötchen herum, schnitt es dann kräftig und entschlossen in drei, vier Teile und hackte diese systematisch zu Bröseln klein.

Man muß weder Psychologe noch Gastrokritiker sein, um zu sehen, daß die Wahrheit öfter auf dem Teller als im Mund liegt. Aber das ist ja das Schöne am Körbchen Brot vor dem ersten Gang: ein Griff und Du weißt, mit wem Du es als Tischnachbar(in) zu tun hast! Und wenn man es selber macht, haben auch die Geschmacksnerven was davon.

Italienisches Brot

-eZ-

75 g Hefe *1 Prise Zucker* *(Diabetiker: es* *geht auch ohne)* *2 1/4 kg Mehl* *1,5 l Wasser* *1 1/2 EL Salz* *1 dl Olivenöl*	Aus den Zutaten einen festen Teig kneten und diesen 50 Minuten lang zugedeckt stehen lassen. Dann den Teig in kleine längliche Laibe formen (ca. 200-250 g schwer). Jedes der Brote spiralförmig von einer Seite aus drehen. Die kleinen Brote noch mal aufgehen lassen bis sich ihr Volumen ungefähr verdoppelt hat. Ofen vorheizen (180 Grad). Dann auf der zweiten Schiene von unten bei 180 Grad backen. Nach 15 Minuten Holzlöffel zwischen Ofentür und Herd stecken und weitere 10 Minuten backen. (Falls Sie zu den glücklichen Menschen gehören, die ihr Bratröhrenfenster „auf Kippe" stellen können: tun Sie's). *Varianten:* Man kann dem Teig zufügen: a) Kleingeschnittene Oliven und etwas Weißwein b) 2 kleingehackte gedünstete Zwiebelchen, eine ausgepreßte kleingeschnittene Tomate und etwas Salz c) Ca 150 g kleingehackte Nüsse und 100 g Pecorino (ital. Schafskäse) d) etc. etc.! Aus diesem Brot kann man - wenn es altbacken ist - hervorragende Weißbrotwürfel machen: Geröstet fürs Rührei. „Roh" für Speckknödel, Spinat- oder Fastenknödel. An heißen Tagen schmeckt vorzüglich: Das Brot aufschneiden, mit Olivenöl bestreichen, üppig mit Knoblauch belegen und salzen, im Ofen knusprig backen.

Carpaccio

-lsv-

1 *Rinderfilet* *Zitronensaft* *Aceto balsamico* *Salz* *Pfeffer* *Rucola (Rauke)* *Spinatblätter* *Sherrytomaten* *Parmesan (gehobelt)* *Trüffel (gehobelt)*	Rinderfilet in Folie straff einrollen und für 3 bis 4 Stunden in den Tiefkühlschrank legen. Herausnehmen und in dünne Scheiben schneiden (man kann es auch in dickere Streifen schneiden, dann sollte man das Fleisch aber eine Stunde vor Verzehr marinieren). Aufgeschnitten auf dem Teller anrichten und mit Zitronensaft oder Aceto beträufeln. Salz und Pfeffer aus der Mühle drüber und 20 Minuten marinieren lassen. Nun kann man zur Opulenz schreiten, indem man die Scheiben auf Rucola legt, Spinatblätter sind auch oft gefragt, Sherrytomaten dazulegt und gehobelten Parmesan drübergibt. Wer's hat: Gehobelte Trüffel finden auch ihre Fans. Ich hab's am liebsten pur!

Kuh in kalten Scheiben

Wat wor früher do? Bierdeckel oder et Fleisch in Scheiben? Der Deckel (rheinischer Akkusativ!) hat der Rheinländer in der Eiszeit erfunden, damit et Kölsch unge eröm nit einfriert, wenn die Stang (das Glas Kölsch) op dr Thek steht. Weil, wie jesagt, domols wor jo alles aus Eis. Och die Thek. Normal. Der Bayer, der uns auch in der Zeit schon mal besucht hat, insbesondere als Wittelsbacher, hat daraufhin der (!) Bierwärmer erfunden. Er war jo immer schon ei Kleinigkeit fimschiger (empfindlicher) als wies mir he em Rheinland! In der Eiszeit hat man aber auch das Rind als solches, also quasi am Stück, wegen mir: Wie gewachsen, aus Gründen der Haltbarkeit im Winter einfach draußen stehen lassen, bis es steif war (der Ausdruck: „Ich laß Dich stehen, bis Du schwarz bist" kommt dagegen aus der Bronzezeit, wo jeder einen Schmelzofen sein eigen nannte, was nicht ungefährlich war, wenn einer zu lange davor stand). Im Hungersfall is dann einer 'eraus, hat aus der Kuh einen Streifen Fleisch gesägt, den dann in kleine Scheibchen geschnitten und serviert. Nur: Ob jetzt die Idee zum Deckel vom Fleisch in Scheiben oder die Idee zum Fleisch in Scheiben vom Deckel stammt: Man weiß es nicht! Et es ewwer och ejal, weil: Beides, Deckel un Fleisch in Scheiben, hat aus dem Rheinland 'eraus seinen Siegeszug um die Welt gehalten. Also: Wat soll dä Quatsch!

Gebeizter Lachs
(Gravlax, graved Lachs)

-lsv-

1 Lachs div. Pfeffer Wacholderbeeren Senfkörner Piment grobes Meersalz 100 g Zucker 2 Limonen Dill 1 Holzbrett etwas Nouilly Prat (frz. 'Vermouth') Geduld	Einen Lachs (wenn's geht: Wildlachs) schuppen, filetieren und entgräten lassen. Ein Filet mit der Hautseite nach unten in eine längliche Glas- oder Porzellanform legen und mit etwas Nouilly Prat beträufeln. Eine Mischung aus verschiedenen Pfeffersorten (schwarzer, weißer, roter, grüner und Zitronenpfeffer), Wacholderbeeren, Senfkörnern und Piment im Mörser leicht zerdrücken, mit grobem Meersalz und Zucker mischen (Obacht Diabetiker: Sorbit o.ä. tut's auch!) und auf das Filet geben. Mit Limonenscheiben und frischem Dill belegen. Das andere Filet mit der Hautseite nach oben drauflegen. Holzbrett drauf, beschweren, Folie drüber und warten. Mindestens 36-48 Stunden. Dabei mehrfach wenden, weil die Lachshälften immer gut mit Marinade bedeckt sein sollten. Hält sich ca. 1 Woche im Kühlschrank.

Grablachs

„Heidewitzka, Herr Kapitän, mem Müllemer Bötche fahre mir esu jään" - wenn dieses Lied im Karneval erklingt, denkt heute kein Mensch mehr daran, daß genau dieses Lied einstmals eine ernste rituelle Totenklage war. Das „Müllemer Bötche" war der Totennachen des rheinischen Charon, der den Verstorbenen an die Ufer des rheinischen Himmels fuhr. Was spricht doch aus diesem Lied für eine heitere Akzeptanz des Werdens und Vergehens, des Geborenwerdens und Sterbens! Ja, so ist er, der Rheinländer! Er stattete in jener Zeit seine Verstorbenen natürlich auch mit entsprechender Wegzehrung aus, wie es seine Zeitgenossen im alten Ägypten oder sonstwo auch taten. Was legte man den lieben Toten mit ins Grab? Natürlich das, wovon man reichlich hatte: Lachs. Weil man damals auch schon die Verfallsdaten einzelner Lebensmittel kannte, präparierte, ja mumifizierte man den Lachs geradezu. Man rieb ihn kunstvoll mit Substanzen ein, die ihn auf Wochen hin frisch halten sollten. Fein in Bronzefolie eingehüllt (Alufolie gab es damals noch nicht) legte man den so zubereiteten Lachs zum Verstorbenen ins Grab.

Nun ist der Rheinländer nicht auf den Kopf gefallen und war es damals auch schon nicht. Er wußte natürlich, daß den Toten eher die Zähne ausfallen, als daß sie in den Lachs bissen. Also holte er nach drei Tagen den Lachs wieder heraus, überließ den Toten seinem Schicksal und tat sich am köstlichen Grablachs gütlich!

Kleiner Fischsalat

-f-

400 g Fischfilet von festem Fleisch (Seeteufel, Lachs, Drachenkopf, Felchen, Zander) *1 Glas Weißwein* *1 rote Zwiebel* *(oder Lauchzwiebel)*	Den Weißwein mit der Zwiebel (in Ringe geschnitten) und etwas Wasser im Topf zum Kochen bringen. Die Fischfilets im Sieb 2-3 Minuten im Dampf garen, dann auf dem Salat garnieren und nicht in den Kühlschrank stellen, sondern sofort servieren. Ganz opulent wird's, wenn dazu noch ein paar Riesengarnelen kommen, die vorher in Knoblauch, Salz und Olivenöl kurz gebraten wurden.
Salat: *Rauke (Rucola)* *frische Champignons* *Sherry- oder Baumtomaten* *ein paar Kaiserschoten* *frischer Spinat* *Pinienkerne* *evtl. Feldsalat*	*Salat:* Den Salat putzen, Champignons in Scheiben schneiden, mit Zitrone beträufeln, Tomaten halbieren. Schön ist, wenn dies alles im "Sprossennest" drapiert ist, unter dem noch ein paar Kaiserschoten herausschauen. Ein paar frische Spinatblätter mit leicht gerösteten Pinienkernen runden das Bild ab ohne dem Gaumen abträglich zu sein. Feldsalat wäre im Winter eine angenehme Ergänzung. *TIP zum Thema Salz:* Nehmen Sie immer Meer- oder Jodsalz. Wer Kräutersalz mag: Bitte, auch das geht, allerdings überdeckt es leicht andere Aromen. Ihr Arzt wird es Ihnen danken. Salzen bitte immer erst kurz vor Ende des Koch-, Brat-, Siede- oder Garvorgangs. Das Risiko des Versalzens ist damit verringert und außerdem: Gegessen wirds ja auch erst, wenn es fertig ist

Hechtsprünge

Ein Gericht, das auf eigentümliche Weise die Feldfrucht des Vorgebirges mit den Geschenken des Rheins verbindet, ist der Fischsalat. Es ist natürlich so, daß die Verfeinerung des Geschmacks nicht schon immer da war. Die Entstehung dieses Klassikers muß man sich wahrscheinlich so vorstellen: Da hat der Jupp aus Alfter wieder einmal vergessen, einen Korb mitzunehmen, in dem er den frischen Fang hätte nach Hause tragen können. Das Netz war voll, die Freude groß und der Jupp lief nun schnurstracks über die Felder nach Hause. Aber das Netz war schwer und der Weg war weit. Uns Jupp mußte alle naslang ausruhen. Er stellte das Netz neben sich und stärkte sich mit den Feldfrüchten. So auch die Fische, die ja nach allem schnappen, was grün ist. Ende vom Lied war, daß der Jupp nicht nur Fische im Netz hatte, als er zu Hause ankam, sondern auch jede Menge Spinat, Kaiserschoten und was die Fische sonst noch alles von den Feldern aufgepickt hatten. Zu Hause war man zu faul zum sortieren - ich sage nur· Alfter! - und schmiß den ganzen Pallawatsch in die Schüssel. Einer kippte was Öl drüber, ein anderer hatte grad was Salz dabei. Ende vom Lied war, daß ganz Alfter völlig platt darüber war, wie anders so ein Fisch schmecken kann, wenn man ihn nur lange genug über die Äcker schleift. Seitdem sieht man immer wieder in der Morgendämmerung die Bevölkerung von Alfter mit prallen Netzen über die Felder hechten...

Carpaccio vom Steinbutt oder Lachs

-eZ-

350 g Steinbutt oder Lachs (entgrätet)	Den gut gekühlten Fisch hacken, mit dem Zitronensaft beträufeln und kühl stellen.
3-4 EL Zitronensaft	Etwas Meerrettich raspeln, mit Crème fraîche, Olivenöl, Salz,
Meerrettich	Zitrone, evtl. etwas Senf und einer Prise Dill zu einer Sauce
Crème fraîche	verrühren.
Olivenöl	Das Fisch'tartar' mit dem Eßlöffel zu kleinen Bällchen formen,
Salz	auf den Teller geben, Sauce dazu, fertig.
Dill	Der Stern kommt, wenn man alles mit großblättriger Petersilie, Kerbel, Julienne-Streifen von Zucchini und halbierten Sherrytomaten dekoriert und zum Schluß noch etwas roten Pfeffer drüberstreut.

...und ab in die Schüssel

Da fliejen sie zum Mond, verstehsse mich, haben dat Atom erfunden und der Reißverschluß und wenn du die Schüssel hast, kannst du sogar in der Eifel RTL Plus gucken (wat keiner tut, weil die Kühe dann bis zu 4 l weniger Milch geben, es klar: Ein Blick in die Röhre und die Kuh jitt Yoghurt), aber der Lachs, der mußt du noch mit der Pinzette entgräten. Ich sage immer: Warum om Teller, wenn et och direkt jeht? Ich hol der Lachs beim Händler, Haut ab, Zitrone drüber und dann à la Maiskolben 'erein damit. Gut, man muß lange Arme haben, wenn man dat Vieh halten will, aber: Es geht - wenn man wirklich will!

Fischterrine (Mikrowelle)

-f-

600 g Rotbarschfilet	Zubereitung wie bei Lachsterrine (s.folgende Seite)
300 g Zanderfilet	Rotbarschfilet mit Piri-Schoten zerkleinern, Salz und Zitronensaft
6 kleine eingelege Piri-	zugeben.
Piri-Schoten	Garnelen auf den Boden der Form legen. Halbe Rotbarschmasse
(oder scharfe Peperoni)	drauf, Zanderfilet reinlegen.
0,2 l Sahne	Mit der anderen Hälfte Rotbarschmasse abdecken.
1 Ei, 4 Eiweiß	
Pfeffer & Salz	Das ergibt eine leichte, schöne Vorspeise,
Basilikumblätter	Sprossensalat kann eine angenehme Abrundung sein.
10 Garnelen	
1 große Zitrone	

Heiße Wellen

Ich habe es versucht: Es geht! Glauben Sie keinem Rezept, das Ihnen vorschreibt, welche Terrine oder Form Sie zu verwenden haben, damit es alles schön wird. Alles Quatsch! Mein Vater hat Knödelscheiben auf der Herdplatte gebraten, und sie haben nicht wirklich anders geschmeckt als aus der Pfanne. Der Hunne hat das Filet unter den Sattel gelegt und zu Tartar geritten, schmeckt auch, wenn auch etwas streng. Der Clou ist aber die Mikrowelle. Alle Zutaten einfach in die Mikrowelle schmeißen, gut stopfen, dicht verschließen, 600 Watt 'erein und Sie können beobachten, wie sich die Zutaten langsam zu einer homogenen Masse verdichten. Gut: Man muß den Zeitpunkt des Herausnehmens genau erwischen, sonst ist wieder Stahlwolle angesagt! Aber mit einiger Übung klappt es. Also: frisch ans Werk!

Lachsterrine (Mikrowelle)

-f-

1 Lachsfilet *(ca. 800 g)* *2 EL Zitronensaft* *Salz* *Cayenne-Pfeffer* *0,3 l Sahne* *2 Eigelb*	Lachs häuten und entgräten (Pinzette). 600 g Lachsfleisch würfeln, mit Zitronensaft beträufeln, mit Salz und Cayenne würzen (Obacht: CAyenne und CHEyenne sind nun wirklich zwei sehr unterschiedliche Dinge!) und kühl stellen. Sahne ebenfalls auf Eis stellen.

Lachs häuten und entgräten (Pinzette).
600 g Lachsfleisch würfeln, mit Zitronensaft beträufeln, mit Salz und Cayenne würzen (Obacht: CAyenne und CHEyenne sind nun wirklich zwei sehr unterschiedliche Dinge!) und kühl stellen. Sahne ebenfalls auf Eis stellen.
Inzwischen aus den restlichen 200 g Lachsfilet Streifen schneiden (in der Länge der Terrine und ca. 2-3 cm breit).
Das gut gekühlte und gewürfelte Lachsfleisch in der Küchenmaschine pürieren. Sahne und Eigelb unterziehen.
Die Hälfte der Farce in die Terrine geben, Lachsstreifen einlegen und mit der zweiten Hälfte abdecken. Terrine kurz auf den Boden fallen lassen (oder auf die Arbeitsfläche stoßen wg. Luftbläschen!).
Bei 600 Watt (mit Deckel !!) 6 Minuten garen. Dann 5 Minuten ruhen lassen. Und nochmals bei 600 Watt 6 Minuten garen.
In der Form abkühlen lassen und stürzen.
Mit Zitrone und Petersilie garnieren.
Dazu paßt hervorragend Blattspinat.

Festliche Variante:

Man kann die fertige Terrine eng in Räucherlachs hüllen (und mit blanchierten Lauchstreifen zubinden) oder - noch schöner - mit einem Mantel aus Blattspinat umhüllen (junge Spinatblätter kurz blanchieren und drumrumlegen).
Der Hammer ist aber, wenn Sie die Lachsstreifen in der Mitte der Terrine jeweils mit etwas Blattspinat umhüllen und die fertige Terrine in Räucherlachs legen. Da ißt das Auge mit, aber hallo!
Wie man das macht?
Am besten stürzt man die fertige Terrine. Dann legt man die Terrine mit Klarsichtfolie faltenfrei aus, legt alles mit Räucherlachs aus und gibt die Terrine da rein. Hülle drum, fertig. Bißchen ruhen lassen, dann die Klarsichthülle (es gibt auch eßbare Folie!!?) lösen und dem Staunen der Gäste preisgeben.

Gänselebertorte

600 g Gänseleber
0,3 l Consommé
4 cl Cognac
0,05 l süßer Wein
Bisquitboden
(Ø 16 cm)
100 g geröstete
Mandelblättchen
1 EL Weizenstärke
250 g Sahne
Salz
weißer Pfeffer
6 Blatt Gelatine
Saft einer halben
Zitrone
0,1 l Weißwein
2 Nelken
500 g weiße Trauben
50 g Zucker
0,1 l Confit

Farce:

100 g Gänseleber beiseite legen. Den Rest in Würfel schneiden, durch ein Sieb passieren, in Backpapier einschlagen und kalt stellen.
0,1 l Consommé mit Cognac und dem süßen Wein erhitzen und vorsichtig die Gänseleberfarce zugeben (Vorsicht deshalb, weil sie leicht gerinnt, wenn die Flüssigkeit zu heiß ist).
Bisquitboden in einen Tortenring (16 cm Durchmesser) legen, Mandelblättchen einstreuen, die Farce direkt drauffüllen und kalt stellen (ca. 20 Minuten).

Mus:

0,1 l Consommé erhitzen und mit der Speisestärke binden.
Die restliche Gänseleber in Scheiben schneiden, reinlegen, schmelzen lassen und mit Salz und Pfeffer abschmecken. Dann direkt im Mixer pürieren und ebenfalls kalt stellen (15-20 Minuten).
Die Sahne halbfest schlagen und unter die Masse heben.
3 Gelatineblätter einweichen, dann erwärmen und unter das Gänselebermus heben.
Das Mus als zweite Schicht in den Tortenring geben.

Traubengelee:

0,1 l Confit (s. unten) mit 1 Blatt Gelatine binden, mit etwas süßem Wein abschmecken und bei Raumtemperatur abkühlen lassen. Dann in den Tortenring füllen und wieder kühl stellen.

Traubenconfit:

Trauben halbieren, mit Zitronensaft, Nelken und Weißwein mischen.
Zucker leicht karamelisieren und mit der Traubenmarinade vorsichtig ablöschen. Den Zucker durch ständiges Rühren auflösen, die eingeweichte Gelatine unterrühren, in Einmachgläser füllen und abkühlen lassen. Hält sich hervorragend einige Wochen im Kühlschrank.

Zwischen Essig und Öl

Als um 9000 vor Kölsch in Maria Laach der Vulkan ausbrach, wurde die Kölner Bucht ausgebaggert, um die Lava aufzufangen, die sich heiß und träge über die damals noch unzugänglichen Pässe des Ahrtales Richtung Rhein schob. Nachdem sie schon mal da war, beschloß man, sie zu nutzen. In dieser Zeit entstanden Fernwärme und Erdgasleitungen, die Urfassung des Kölner Doms wurde von asbestbewehrten Feuerwehrleuten aus der noch flüssigen Lava geformt, das berühmte Kölner Flügelauto wurde eingesetzt, um gefahrlos die Lava überqueren zu können, und vieles andere mehr. Nun muß man sich aber vorstellen, daß die Wärme, welche die Lava ausströmte, für die Menschen damals, die ja noch die Eiszeit in den Knochen hatten, sehr ungewohnt war. Zum Beispiel veränderte sich die Haltbarkeit von Lebensmittel auf einen Schlag sehr drastisch. Die Menschen mußten sich neue Konservierungsformen einfallen lassen. Und da zeigt sich einmal mehr der einmalige Erfindungsreichtum des Rheinländers. Er kreierte das, was der Italiener heute „sottaceto" und „sott'olio" nennt, also „unter Essig" und „unter Öl", diese wunderbaren kleinen Gemüschen, Pilzchen und wat all, die jeden kölschen und mediterranen Vorspeisenteller zieren.

Die Idee kam dem Rheinländer in Alfter: Als die Lava dort die Felder erreichte, wurden zwangsläufig die Feldfrüchte im Nu gegart, und zwar vor Ort. Die Alfterer retteten, was zu retten war, vom Spargel bis zur Tomate, und überlegten, was sie mit dem halbgaren Gemüse wohl machen könnten. Einer legte es in Dosen, einer in Gläser, einer in Aspik, ein anderer in Öl oder Essig und siehe da: im Handumdrehen war eine Gattung von Gerichten erfunden, die aus keiner Speisekarte mehr wegzudenken sind. Heute, wo keine Lava mehr zur Verfügung steht - und wer möchte schon wegen zweier Pilzen den Ätna besteigen -, muß man sich halt mit Kochlöffel und Herd begnügen. Schmeckt, wenn auch dieser zarte Hauch von firnigem Lavageschmack dem Kenner fehlt.

Marinierte Babyartischocken

-lsv-

1/4 l Zitronensaft *2 l Wasser* *8 Babyartischocken* *1 Zweig Rosmarin* *1 kleine Chilischote* *(feingewürfelt)* *1/4 l Öl* *Schale einer Zitrone* *1 Bund Thymian* *3 Lorbeerblätter* *1-2 Knoblauchzehen*	Wasser mit 1/8 l Zitronensaft aufkochen lassen, Artischocken darin 15-20 Minuten kochen lassen, herausnehmen. Alle Gewürze dem Wasser zugeben, zum Schluß das Öl. Die Artischocken mit der heißen Marinade begießen und 1-2 Tage ziehen lassen.

Gemüse und Manneskraft

Mit einer Tüte Artischocken, sagt sie, rückt die Brille zurecht und wischt mit der Hand über den Ladentisch, mit einer Tüte Artischocken habe sie ihn am Markt gesehen, sein Leben lang habe er keine Artischocke angerührt, aber jetzt gleich eine ganze Tüte voll, und das, nachdem man zusammen ein Geschäft aufgebaut habe, die ersten fünf Jahre seien die schwersten gewesen, aber das habe man alles überstanden, weil man zusammen gehalten habe, auch im Erfolg, und nichts sei ja so schwer zu teilen wie der Erfolg, 37 Jahre lang sei alles gut gegangen, sagt sie, und in den letzten Jahren habe man schon an die Zeit danach gedacht, vielleicht ein Häuschen irgendwo im Warmen, sagt sie, und jetzt das, vor vierzehn Tagen sei er gegangen, kein Wort, nichts, einfach gegangen, und dann habe er ihr am Markt gesagt, die Kinder seien ja nun groß und er wolle seinen Lebensabend ehrlich begehen, mit der anderen, sagt sie, und daß er Sellerie zur Stärkung esse, habe er ihr auch gestanden, am Markt, zur Rede gestellt wegen der Artischocken und sein Blick sei traurig gewesen, so habe er sie in den letzten Jahren immer angesehen, traurig sei vielleicht nicht das richtige Wort, leer, ja, das träfe es wohl eher, und gehustet habe er dabei, 37 Jahre lang habe sie ihn nicht husten hören, jetzt aber huste er, und das Ganze macht 17 Mark 50 und warum sie mir das überhaupt erzähle, und nestelt das Zeug in die Tüte, hastig, die Tüte reißt ein, sie läßt sie liegen und gibt mir 7 Mark 50 auf meinen Zwanziger zurück, draußen erst zähle ich nach, die zerrissene Tüte unter die Achsel geklemmt, und wie ich zurück will, sehe ich im jetzt leeren Laden die Brille auf der Kasse liegen. Ich gehe.

Sottaceti - Mariniertes Gemüse

-eZ-

1 kg Perlzwiebeln oder Schalotten (geschält)	Im Prinzip kann man - wie jeder weiß, der gerne italienisch ißt - fast jedes Gemüse so behandeln.
10 g Salz	Hier das Beispiel: *Zwiebeln*.
1 l Aceto balsamico (milden)	Essig mit den Gewürzen aufkochen und die Zwiebeln zwei Minuten lang mitkochen lassen.
20 bunte Pfefferkörner	Zwiebeln herausnehmen und in Gläser füllen. Den erkalteten Essig drübergießen, aber darauf achten, daß die Zwiebeln davon bedeckt sind.
4 Lorbeerblätter	Hält sich mehrere Wochen und schmeckt vorzüglich.

Knoblauch, eingelegt

-eZ, lsv-

1 Knoblauchzopf	6-8 kleine 'Weck'-Gläser o.ä. spülen und 5 Minuten sterilisieren.
1,5 l trockener Weißwein	Knoblauch pellen und schälen. (Das geht sehr schön an diesen langen, langen Winterabenden, an denen selbst das Fernsehen streikt...)
4 Zimtstangen	
4 1/2 EL schwarze Pfefferkörner	Zimtstangen halbieren. (Wer nicht mag, läßt sie weg.)
4 1/2 EL Koriander	Alle Zutaten zum Wein in einen Kochtopf geben und aufkochen lassen. 3 Minuten lang den Knoblauch mitkochen. In die Gläser füllen.
4 EL Meersalz	
10 EL Weißweinessig	Mindestens eine Woche ziehen lassen (gut verschlossen, der Nachbarn wegen...).
5 Briefchen Safran	Wenn Sie sauber gearbeitet haben, halten sich die Gläser bis zu einem halben Jahr.

Champignons in Aceto balsamico

-f-

für 2 Gläser à 3/4 l :	Pilze säubern, Knoblauch schälen, Kräuter verlesen.
1 kg Champignons	Knoblauch, Kräuter, Aceto und Wasser kochen. Salz und Olivenöl zugeben und nochmal aufkochen lassen. Pilze jetzt einige Minuten mitkochen lassen.
4-5 Knoblauchzehen	
5 Lorbeerblätter	Pilze herausnehmen und in Gläser füllen.
4 Zweige Rosmarin	Je nach Geschmack Kapern und Chilischoten in den Sud geben, nochmal aufkochen lassen und auf die Pilze geben.
1 Bund Basilikum	
0,1 l Aceto balsamico	Verschließen und nie mehr aufmachen. Denken Sie daran: Die Archäologen in 2000 Jahren möchten auch noch was davon haben.
0,4 l Wasser	
1 TL Meersalz	
4 EL Olivenöl	
1 EL Kapern	
4 getrockn. Chilischoten	

Paprika

-lsv-

Bunte Paprikaschoten	Die Schoten ganz in den auf 180 Grad vorgeheizten Ofen legen und so lange backen, bis die Haut braun wird und sich leicht vom Fruchtfleisch lösen läßt.
Essig	
Salz	
Olivenöl	Rausnehmen und so lange sie warm sind häuten. Die Schoten nun vierteln und entkernen und in ein Gemisch aus Essig, Salz, Olivenöl und Knoblauchzehen legen.
Knoblauchzehen	
(eingeschnitten)	Mindestens 24 Stunden lang marinieren. Die so zubereiteten Schoten halten sich übrigens gut mehrere Tage lang im Kühlschrank.

Eingelegter Schafskäse

-eZ, lsv-

1 kg Schafskäse	Schafskäse in Würfel schneiden.
3 Zweige Rosmarin	Mit den Kräutern in ausgekochte Gläser geben.
3 Zweige Salbei	Mit Olivenöl und je 1-2 EL Haselnußöl auffüllen.
3 Lorbeerblätter	Gekühlt hält sich dieser angenehme Imbiß bis zu vier Wochen.
6 Knoblauchzehen	
3 Piri-Schoten	
Olivenöl	
Haselnußöl	

Getrocknete Tomaten

-lsv-

4 kg Eiertomaten	Die Tomaten halbieren und mit einem Suppenlöffel entkernen.
8 Knoblauchzehen	Stielansatz entfernen.
(halbiert)	Auf ein Backgitter legen und bei 100 Grad (Umluft, wenn
Rosmarin oder Basilikum	möglich!) 3 bis 3 1/2 Stunden trocknen.
Salz & Pfeffer	Da die Tomaten sehr unterschiedlich dick sind, sollte man ab und
viel gutes Olivenöl	an den Ofen kontrollieren.
	Wenn die Haut ledrig wird (nicht schwarz werden lassen),
	herausnehmen.
	Die Tomaten in Gläser einlegen (Gläser von ca. 1/2 l
	Fassungsvermögen), Knoblauch dazu geben, ebenfalls Rosmarin
	oder Basilikum, Salz und Pfeffer.
	Mit Olivenöl auffüllen.
	Die halten ewig.

Ach, Hl. Garnier

Das Rheinland hat viele große Heilige hervorgebracht, was es ja dem Römer zu verdanken hat. Dieser nämlich hat jeden Christen, den er traf, erschlagen. Gut, damals wußte man es nicht anders. Als dann aber im Zuge der Konstantinischen Schenkung - Sie erinnern sich: Kaiser Konstantin hat um das Jahr 333 nach Kölsch herum dem damaligen Papst Silvester I. quasi das halbe römische Reich geschenkt, die Kaiserkrone angeboten, was dieser ablehnte, und anerkannt, daß der Papst die Nummer 1 war, ist und bleiben solle; viel später hat ein Rheinländer, Nikolaus von Cusanus, gesagt: „Kein Wort wahr davon" und wär alles gelogen und überhaupts, der Kirche tät man nichts schenken können, weil ihr sowieso quasi alles gehört, jetzt mal so gesehen, was einem Ratsherrn der Stadt Venedig die Gelegenheit bot, in den 20er Jahren dieses Jahrhunderts Herrn Pacelli, den späteren Papst Pius XII., zu verblüffen, als dieser, anläßlich der jährlichen Festlichkeit „Die Stadt Venedig vermählt sich mit dem Meer", bei der der Doge feierlich einen Ehering in den Canale Grande wirft, die süffisante Frage stellte, wo denn geschrieben stünde, daß man eine so unchristliche Zeremonie durchführen dürfe, indem er antwortete: „Auf der Rückseite der Konstantinischen Schenkung, Ew. Exzellenz!" - als dann also im Zuge der Konstantinischen Schenkung auch der Römer dem Kreuz die Ehre erwies, begann die große Zeit der rheinischen Kapellenbauer. Wo immer auch nur die Spur eines Blutstropfens zu sehen war - schwupp! - wurde eine Kapelle errichtet. Hatte man sich vertan: Nit esu schlimm. Hatte man sich nicht vertan: Umso besser, wieder ein rheinischer Heiliger mehr! So gab es bald im Rheinland für oder gegen fast alles einen Heiligen. So auch einen für Garnelen und Riesengarnelen. Das aber ist der Hl. Garnier, später Werner. Er erblickte in Walmenach bei St. Goarshausen das erste Kölsch, ist als Tagesheiliger dem 18. oder 19. März zugeteilt und wird immer mit Wanne und Schaufel dargestellt. Warum? Weil er ein großer Garnelenfischer war, dem diese wohlschmeckenden Tiere ganz von allein in die Wanne sprangen. Er brauchte sie dann nur noch in den Tiefkühler schaufeln. 1293 haben die Bacharacher aus Dankbarkeit für den Garnelenüberfluß, der dem Hl. Garnier zu verdanken war, die Werner-Kapelle errichtet. Just an der Stelle, wo der große Heilige im Arm einer Riesengarnele seinen Odem aushauchte. Die Kapelle wurde 1689 von Käpt'n Iglo geschlossen und nie mehr restauriert. Seit diesem Jahr ist aus dem Rhein keine einzige Riesengarnele mehr gefischt worden. So geht es, wenn ein Land kein Vertrauen mehr zu seinen Heiligen hat.

Riesengarnelen

-eZ-

Riesengarnelen *Olivenöl* *Knoblauch* *Pfeffer & Salz*	Haben wir immer im Tiefkühlschrank. Die Riesengarnele macht immer sehr viel her, ist schnell zubereitet und schmeckt, wat soll ich sagen, jot!
	Die Riesengarnele ist - was die Zubereitung betrifft - ein ausgesprochen zeitfreundliches Wesen: Man kann sie einzeln entnehmen und im Sieb unter warmem Wasser auftauen (sozusagen nach dem Schwupp!-Schon Fertig!-System).
	Bestes Olivenöl in die Pfanne, viel Knoblauch (in Scheibchen) dazu, Garnele rein und schwenken, salzen und pfeffern - köstlich! Das ist schon mal eine Vorspeise.
	Mit Salat und Weißbrot (oder Brötchen) wird auch mehr daraus.

Scampi, tiefgefroren

-eZ-

800 g Scampi Salz 3 Eier Paniermehl Mehl Olivenöl Zitronen	Die Scampi auftauen (in kaltem Wasser dauerts länger als in warmem, es schmeckt aber besser), trocken tupfen, dann in Mehl wenden, in den verrührten und gesalzenen Eiern wälzen und panieren. In viel Olivenöl backen und mit Zitronenscheiben garnieren.

Suppen

Rheinisches Zaubersüppchen

Ob das Rezept zum kalten Kräutersüppchen wirklich von Hildegard von Bingen stammt? Wir wissen es nicht. Auch wenn der Bruder Koch in Maria Laach alle Eide darauf zu leisten bereit wäre. Es sprechen allerdings einige Fakten dafür: Die Heilige Hildegard war ein begnadetes Kräuterweiblein (übrigens war sie für Wilhelm Hauff das Vorbild zu seinem Zwerg Nase!); sie schrieb eine - leider verschollene - Monographie „De Basilico rhenanio" („Övver't rheinische Basilikum"), die mit 36 Stichen von Sibylle Merian geschmückt war; sie hatte Visionen von Bocuseschem Ausmaß über die Innovation der rheinischen Küche, die sie in dem Werk „Liber divinorum operum - Buch der göttlichen Werke" festhielt; sie wird mit Stab dargestellt (wir wissen: der „Zauberstab der Hausfrau" - der Mixstab), und sie hatte in ihrem Kloster bei Bingen keinen Herd, weshalb sie die kalte Küche zur Perfektion entwickelte. Bösartige Zungen nennen sie die „erste Kaltmamsell" der Küchengeschichte, eine ungezogene Diffamierung. Hier also das - höchstwahrscheinlich - von Hildegard von Bingen stammende Rezept, das kalte Kräutersüppchen.

Kaltes Kräutersüppchen

-eZ-

3/4-1 l Gemüsebrühe	Alles gut miteinander verrühren, kalt stellen.
ca. 4 Hände voll	Essen.
Basilikum (ein paar	
Blätter zum Garnieren	TIP:
aufbewahren)	Geht auch mit Kerbelblättern.
300 g saure Sahne	
Salz	
Pfeffer	

Kikeriki

Kichererbsensuppe ist für den kleinen Hunger zwischendurch. Sie wird zu kleinen Scherzen gereicht, die gut in die Zeit zwischen Aperitif und Fisch passen, in die Zeit also, in der man seine Tischnachbarn sprachlich langsam abtastet, um zu sehen, ob sie überhaupt eines und wenn dann wes Geistes Kind sie sind. Kichererbsensuppe erleichtert die amüsierte Reaktion auf müde Scherzchen wie den vom Trend zum Zweitbuch, daß Tiara kein polnischer Kaffeewärmer ist und daß die Steigerung von Frauen-Power Rinderwahnsinn sei. Sie empfiehlt sich also, wenn man Menschen zu Gast hat, die einem beruflich wichtig sind, die einem ansonsten aber gestohlen bleiben können.

Kichererbsensuppe

-lsv-

500 g Kichererbsen	Kichererbsen über Nacht einweichen.
Butter	Kichererbsen in Butter anbraten, Knoblauch dazu.
4 Knoblauchzehen	Zitrone schälen, in Scheiben schneiden und zugeben.
1 kleine Zitrone	Den Weißwein und das Einweichwasser dazuschütten, Hühner-
1/2 l Weißwein	fond, Huhn, Safran, Curry, Möhren, Lauch und Sellerie hinein
1 Huhn	und das Ganze ca. 2 Stunden lang köcheln lassen.
2 EL Hühnerfond	Huhn zerkleinern.
2-3 Briefchen Safranfäden	Mit Salz und Tabasco abschmecken und mit Petersilie
Curry	garnieren.
2 Möhren	
1 Lauchstange	
1 Stange Staudensellerie	
Salz	
Tabasco	
großblättrige Petersilie	

Gasometer

Zu Ähzezupp etwas zu sagen hieße Eulen nach Athen tragen. Rheinisches Nationalgericht, gulaschkanonenerprobt bis zum „jeiht nit mieh", einmalig in der pastös-opaken Farbgebung. Der Geschmack ist direkt proportional zur Menge. Er wächst mit dem Quadrat der Anzahl von Erbsen, die im Kochtopf ihre Form verlieren: $G = x\ E^2$. Das weiß jeder erfahrene Koch und er wird sich deshalb im Zweifelsfall immer für die kleineren Erbsen entscheiden. Zumal sie ohnehin zerkochen. Linsenzählern vom Finanzamt ist die Ähzezupp ein Greuel, weil die Menge der an der Steuer vorbeigetragenen Erbsen nur noch indirekt festzustellen ist: Ein Kubikmeter entwichenen Gases entspricht exakt 37 Erbsen. Im Prinzip leicht zu errechnen, Luftballon genügt. Allerdings setzt diese Meßmethode geschlossene Fenster voraus. Wenn aber die Papierflieger an die Scheibe titschen, bekommen sie immer so krumme Nasen. Und das sieht in der Akte mit den Einsprüchen auch nicht so gut aus.

Ähzezupp (Erbsensuppe)

-eZ-

1 kg frische Erbsen (ausgelöst) *4 Schalotten* *60 g Butter* *250 g Speck* *1/4 Sellerieknolle* *3 Möhren* *1 Lauchstange* *1 l Hühnerbrühe* *Majoran* *Liebstöckel* *Salz* *Pfeffer*	Schalotten klein würfeln und in der Butter glasig dünsten, gewürfelten Speck rein, dann Sellerie, Möhren und Lauch dazu. Jetzt die Erbsen rein, mit der Hühnerbrühe auffüllen, mit Majoran, Liebstöckel, Salz, Pfeffer und evtl. etwas Weißwein abschmecken.

Adams Geschwätztes

Spitzmorchelsuppe - eines der klassischen rheinischen Gerichte. Glauben Sie nicht? - War mir klar. Aber ich weiß es vom Jupp, also vom Josef, wissen ja, Fahrer beim Bundestag, und so ein Mann wie der Josef erlebt ja schon eine ganze Menge mehr als unsereins, wenn der da mit den Abgeordneten dauernd unterwegs ist. Ich bitte Sie, die crème de la crème unseres Volkes, und alle beim Jupp im Auto. Er kennt sie alle und weiß alles über sie. Nasenbohren ist so ein Fall. „Die Bayern", sagt der Jupp immer, „die Bayern sind die Schlimmsten, da muß ich nachher immer mit dem Teppich-schwamm über die Sitze, unwahrscheinlich, dahinwojegen die Ossis, super!, die schnipsen dat Zeug immer aus dem Fenster, weil im Trabbi selbst dafür kein Platz war." Naja, das wollte ich jetzt gar nicht erzählen, paßt ja auch nicht unbedingt in ein Kochbuch rein, aber dieser Tage hat der Jupp er-zählt, daß er einen Grünen/Bündnis 90 nach Frankfurt fahren mußte und der Jupp steigt auf das Gas, da regt sich der Grüne/B 90 schon auf. „Bitte fahren Sie nicht über 100." „Wie: nicht über 100? Dat schaffen wir doch nie, wenn wir um 10 in Frankfurt sein müssen." Der Grüne/B 90: „Aber über 100 ist gegen die Umwelt!" „Ja und?", meint der Jupp, „man muß schon mal ein Opfer bringen, ne!" und drückt auf die Tube. „Na gut, fahren Sie, aber ich mache die Augen zu", und schlief ein. Jedenfalls hat da der Jupp auch erzählt: Spitzmorchelsuppe, also dafür tät er alles liegen lassen, weil das hätte seine Mutter immer gemacht. So mit Pilzen, in Butter schwenken, zweimal in die Luft, Sahne drüber, Salz, Maggi, Pfeffer, fertig ist die Laube. Und wie ich dem Jupp sagte, daß es bei uns heute Spitz-morchelsuppe gibt, war der nicht mehr zu halten. „Nur ein Teller", hat er gesagt, „nur ein Teller." Es wurden dann aber doch drei oder vier, und ich mußte mir wieder mal ein Ei in die Pfanne hauen, weil nix im Haus war. Und sagt dann noch, also der Jupp, wär gut, die Suppe, nur ganz anders als die Spitzmorchelsuppe von seiner Mutter, aber die wär ja auch mit Hallimasch oder Stinkmorchel gewe-sen, wüßt er jetzt nicht so genau. Und das sind alles andere als rheinische Pilze.

Anmerkung:

Die rheinische Spitzmorchel (manche sagen auch: der rheinische Spitzmorchel) wächst nicht überall. Nur an den Schattenhängen des Siebengebirges und unten am Schürmann-Bau in Bonn, da, wo es immer so ein bißchen feucht ist. Deshalb wird er auch gerne Adams Schwätzer genannt, aber das ist eine andere Geschichte. Er läßt sich leicht pflücken, wenn man darauf achtet, mit einer leichten Drehbewegung den Spitz von der Morchel quasi abzuschrauben, aber rechtsrum, weil der Pilz anders schraubt als der Handwerker. Manchmal liegt er auch getrocknet rum, dann sollte man ihn kurz im Rhein schwenken (zur Not tut es auch eine leichte Waschlauge), um ihn zu voller Geschmacksentfaltung treiben zu können. Kaufen kann man nur den aus der Schweiz, wohin er von St. Ursula damals exportiert wurde. Seitdem gibt es im Rheinland auch keine Spitzmorcheln mehr, wat willse machen.

Spitzmorchelsuppe

-lsv-

25 g getrocknete Spitz-morcheln (das entspricht etwa 250 g frischen) 2 EL Butter 50 g Schalotten 1 l Kalbs- oder Hühnerbrühe 1 Eigelb süße Sahne etwas Mehl	Die Spitzmorcheln in halb (abgekochter) Milch, halb Wasser 10 Stunden einweichen (aber, wie gesagt, siehe oben!). Dann rausnehmen und gut abspülen. Die feingehackten Schalotten andünsten, die Morcheln dazugeben und mit etwas Mehl bestäuben. Alles leicht (!) anbräunen lassen und mit der Kalbs- oder Hühnerbrühe ablöschen. 1 Eigelb mit etwas Sahne verrühren und kurz vor dem Servieren dazugeben. Umrühren. Fertig. Aber Obacht: Wenn Sie das Eigelb dazugeben, sollte die Suppe nicht über 60 Grad heiß sein, sonst gerinnt es.

Französische Zwiebelsuppe

-eZ-

500 g Gemüsezwiebeln
40 g Butter
3/4 l Kalbsfond
Thymian
Salz
Pfeffer
2 cl Armagnac
Baguette (in Scheiben
schneiden)
100 g Parmesan, Gouda
oder Emmentaler
(gerieben)

Zwiebeln in dünne Ringe schneiden und behutsam in einem großen Topf in Butter garen bis sie goldgelb sind.

Mit dem Kalbsfond auffüllen (für Vegetarier: es geht auch mit Gemüsebrühwürfeln), mit Salz, Pfeffer, Thymian und Armagnac abschmecken.

In der Zwischenzeit die Baguettescheiben (2-3 pro Person) im Ofen bei 150 Grad rösten bis sie leicht gebräunt und trocken sind (früher nannte man das „Brot bähen", ein Wort, das schon in der hochmittelalterlichen Küche eine Rolle spielt, zum Beispiel im Parzival: „...in lange sniten bäen (= bähen) und imme kezzel umbe dräen" Pazival 420, 29).

Die Suppe mit dem Käse überziehen und im Ofen gratinieren. Gebähtes Brot 'erein, fertig!

Für Eilige (Mikrowelle):

Zwiebel, Butter, Kalbsfond, Salz, Pfeffer, Thymian und Armagnac in der Mikrowelle bei 600 Watt ca. 6 Minuten lang garen.

Käse auf die Baguettescheiben geben und diese ca. 5 Minuten bei 600 Watt rösten. Zur Suppe geben, servieren.

Franzosensuppe

Als Ludwig van Beethoven von Madame de Rochefeuil - der Geliebten von Robespierre, die seinen Kopf erst herausrückte, als er von dem Napoleons nicht mehr zu unterscheiden war - den Auftrag erhielt, die Marseillaise zu komponieren, unterstrich sie diesen Auftrag mit einer kleinen feinschmeckerischen Überraschung. Sie schickte ihm eine französische Zwiebelsuppe. Was sie nicht wußte: Beethoven hatte eine massive Zwiebelallergie. Allein das Wort „Öllich" langte, um Beethoven tagelang ins Schnupfenkoma zu treiben. Beethoven warf den Diener, der ihm die Zwiebelsuppe brachte, kurzerhand die Treppe runter, schimpfte Madame de Rochefeuil eine „Blähung des alten Regimes", setzte sich ans Klavier und komponierte die „Wut über den verlorenen Groschen". Die Auftragsarbeit erledigte dann ein unbekannter französischer Komponist, und so hört sie sich auch an.

Kürbissuppe

-eZ-

1700 g Kürbis *(geschnitten und gewürfelt)* *1/4 l Wasser* *1/4 l Weißwein* *70 g Schalotten* *2 Knoblauchzehen* *3 Hühnerbrühwürfel* *100 ml Schlagrahm* *1 Tl. Curry, Koriander* *Kerbel- oder Petersilien- blätter* *Salz & Peffer*	Schalotten in Butter andünsten. Kürbis dazu. Mit Wasser und Wein ablöschen. Knoblauch und Hühnerbrühwürfel rein. 30 Minuten lang kochen lassen (bis der Kürbis weich ist, das kann - je nach I.Q. - überraschend schnell gehen!). Pürieren. Mit Curry, etwas Koreander, Salz und Pfeffer abschmecken. Rahm 'erein. Mit Kerbel- oder Petersilienblättern garnieren und hoffen, daß es jemand ißt!

$$Q = \Delta U - A$$

Mein Papa gehörte zu den Männern, die nur zwei Arten von Geschenken für ihre Frauen kennen. Schmuck oder „wat für der Haushalt". Und wenn es was für den Haushalt war, mußte es „etwas Vernünftiges" sein, nicht eines dieser Sonderangebote, denen die klassische Hausfrau so gerne immer wieder erliegt. August 1957. Mamas Geburtstag. Das Geschenk stand auf dem Tisch: etwas Vernünftiges für den Haushalt. Und es trug einen Namen: Kelomat. Ein Dampfdrucktopf. Made in Austria. Heute eine Selbstverständlichkeit, damals eine Sensation. Da es sich um Dampf handelte, der unter hohem Druck die Speisen garen soll, und da eindrucksvolle Überdruckventile den Deckel des Kelomaten zierten, war Papa als Techniker gefordert. Er versuchte, Mama zu erklären, daß der Kelomat auf der Basis des ersten Hauptsatzes der Thermodynamik funktioniere, daß also Q gleich Delta U minus A sei, was bedeute, daß die von einem geschlossenen System wie dem Kelomaten aufgenommene Wärmemenge gleich der Vergrößerung der inneren Energie des Systems minus der vom System nach außen abgegebenen Arbeit sei, wobei der Druck den Gesetzen von Boyle-Mariotte folge. „Und was heißt das?", erkundigte sich Mama. „Daß eine Dichtung und ein Ventil drin ist und Dir nichts passieren kann, das heißt das", entgegnete Papa nachsichtig. Eingeschüchtert vom „Q gleich Delta U minus A" ließ Mama den Kelomaten ein paar Wochen unbenutzt stehen. Bis Minestrone auf dem Speiseplan stand. Was war das bis dahin immer für eine Kocherei gewesen! Damit sollte jetzt Schluß sein. Der Kelomat versprach, in 10 Minuten eine Minestrone hinzuzaubern, die jeder Hausfrau zur Ehre gereichte. Mama schnippelte Gemüse. Mama hatte sich in der Küche eingeschlossen. Mama setzte den Kelomaten auf den Herd. Mama ging in den Garten. Mein Bruder und ich spielen im Flur mit den Klickern. In der Küche pfeift es. In der Küche pfeift immer irgendwas.

Wir spielen weiter. Das Pfeifen läßt nicht nach. Es hört sich leicht atonal, aber interessant an. Der Melodiebogen klettert über das hohe C hinaus. Hämmernde Achtel unterbrechen ihn und geben dem Ganzen eine überzeugende rhythmische Verve. Wir hören auf zu spielen. Das Pfeifen hat sich jetzt gleichbleibend auf das dreigestrichene Fis eingependelt. „Ob das das Delta U ist?" frage ich mich und versuche, durch das Schlüsselloch etwas zu erkennen. Da geht es auch schon los. Papa und einer seiner Mitarbeiter, alarmiert vom Delta U, stürmen in den Flur und wollen in die Küche. Die Tür ist abgeschlossen. Wir laufen in den Garten, um von da in die Küche zu kommen. Dort steht schon Mama und ringt verzweifelt die Hände: „Explodiert! Der Topf ist explodiert!" ruft sie und hält die Küchentür zu. „Jetzt lass halt amol schaugn!" sagt energisch Papa und reißt die Tür auf, um sie ebenfalls gleich wieder zuzuschlagen. „Weg da!" herrscht er uns an, dann bückt er sich und öffnet, diesmal allerdings mit gebührender Vorsicht, die Küchentür. Und da sehen wir die Bescherung. Der Teufelskessel hatte die Minestrone durch das Überdruckventil in der ganzen Küche versprüht. Und zwar in einem scharf begrenzten Streifen von ca 20 cm Breite. Eine eindrucksvolle Demonstration von $Q = \Delta U - A$. Da habe ich das erstemal begriffen, daß auch Formeln Wirklichkeit werden können. Das war das Ende von „made in Austria" in unserem Haushalt.

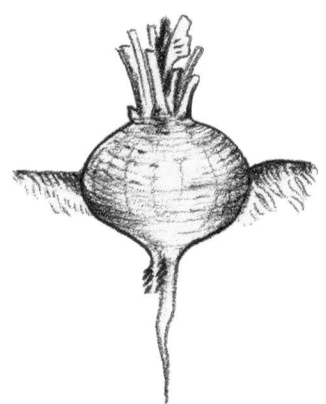

Minestrone

-eZ-

1 große Gemüsezwiebel
3 Knoblauchzehen
40 g Butter
1 EL Aceto balsamico
2 l Wasser

1 Sellerieknolle (kleingeschnitten)
ca. 500 g Karotten (kleingeschnitten)
ca. 200 g Zucchini (kleingeschnitten)
ca. 200 g frische Erbsen (nicht kleingeschnitten)
ca. 200 g frische Bohnen (kleingeschnitten oder nicht)

4 Gemüsebrühwürfel
180 g Pancetta im Stück
20 g Steinpilze (kleingehackt)
ca. 200 g Kürbis (kleingeschnitten)
Salz
Pfeffer

Eines von ca. 87000 Rezepten.

Zwiebel und Knoblauch in Butter anbraten, mit Aceto löschen und mit Wasser auffüllen. Rest dazu.
30 Minuten kochen lassen.
Salzen, pfeffern.
Und nicht vergessen: auf dem Teller Parmesan drüberreiben!

Variante:

Mit dicken Bohnen

Salate

Tante Böhm und Karl der Grosse

Salat, wunderbar. Die Gebrüder Grimm schreiben in ihrem Wörterbuch: „Das Wort ist entstanden aus ital. salata, eigentlich insalata, dem substantivierten fem. des part. perf. von salare, insalare, salzen, einsalzen" (Band 14, S.1680). Das ist natürlich Quatsch. Salat kommt aus dem Rheinischen „Schlot" (langes halboffenes o), ein Kürzel des ursprünglichen „Ädäppelschlot", Kartoffelsalat. Ädäppelschlot ist die Urform des Salats schlechthin. Schon Roland, der große Ritter und Paladin Karls des Großen, aus Rolandseck bei Bonn stammend (seine direkten Nachfahren führen als Familie Böhm heute noch das Restaurant am Rolandsbogen, das dem Ritter damals schon ökonomische Grundlage war), ging in keine Schlacht ohne sein Kümpche Ädäppelschlot, sein Eimerchen Kartoffelsalat. „Lag in seim Bluote auf den Tod / und az noch Ädäpellenschlot", heißt es im Rolandslied. Er trug es immer neben seinem Schwert Durendal und seinem Hörnchen Olifant, dem der Franzose die Croissants heute noch nachbildet. Dank des unermüdlichen europaweiten Einsatzes dieses unerschrockenen Ritters hat der Ädäppelschlot seinen Siegeszug um die Welt angetreten. Daß da natürlich der eine oder andere die Zutaten verändert hat bis hin zum Wegfall der Kartoffel, ist bedauerlich, aber: Wat willse machen. Andererseits ist so die große Bandbreite von Grünzeug in der Schüssel entstanden, die uns heute noch erfreut. Essen wir Salat und seien wir dabei der Ruhmestaten dieses großen Rheinländers eingedenk, der nur der Heimtücke eines sarazenischen Gemüsehändlers, der hinter das Geheimnis des Ädäppelschlots kommen wollte und Roland das Kümpchen klaute, bei Roncesvalles am 15. August 778 zum Opfer fiel.

Rauke-Salat (Rucola)

-eZ-

Rauke *2 kleine Möhren* *Vinaigrette (s. dort)*	Rauke waschen und klein zupfen. Die Möhrchen in Scheiben schneiden und dazugeben. Mit Vinaigrette anrichten und großzügig Parmesan drüberhobeln (frei nach Ferdinand Raimund: "Der Koch, der setzt den Hobel an...").

Varianten:

- statt der Möhren Tomaten häuten, kleinschneiden und beifügen.
- Kichererbsensprossen in Gemüsebrühe weichkochen und dazugeben. Dann aber den Parmesan weglassen (Parmesan kichert nicht. Und wenn, dann sollte man ihn nicht mehr essen!).
- 50 g geröstete Pinienkerne drüberziehen.
- oder geröstete Sesamsaat.
- auf gleiche Weise kann auch Spinatsalat angerichtet werden (dann aber, na logo, junger Spinat, es sei denn, der Besuch, den Sie erwarten, soll möglichst schnell wieder Ihr Haus verlassen).

Rheinischer Salat -eZ-

1 großer Kopf Endivien-Salat oder Frisée-Salat 2 große Kartoffeln 200 g durchwachs. Speck 3-4 Schalotten 1 Knoblauchzehe 3 EL Olivenöl, 1 EL Nußöl 3 EL Essig (Aceto balsamico und Himbeeressig) großblättrige Petersilie Estragon, Kerbel	Salat waschen und in Streifen kleinschneiden. Kartoffeln kochen und pürieren. Speck kleinwürfeln und kräftig anbraten. Dann mit etwas Fleisch- oder Gemüsebrühe löschen und 15 Minuten weichkochen. Aus Schalotten, Knoblauch, Öl und Essig eine Sauce bereiten und mit den pürierten Kartoffeln mischen. Salat in eine Schüssel geben, Sauce unterziehen, Kerbel, Estragon und Petersilie zufügen und zum Schluß den Speck beigeben.

Radicchio-Salat mit Walnüssen -eZ-

Radicchio Walnußkerne Pfirsich- oder Mango-Spalten Vinaigrette aus: Traubenkernöl 2 Tropfen Sesamöl Estragonessig Himbeeressig Aceto balsamico etwas Thymian Salz & Pfeffer	Je nach Hunger Radicchio, Walnußkerne und Obstspalten mischen. Aus den Zutaten der Vinaigrette eine Sauce machen und über den Salat geben.

Erdbeer-Spargel-Salat

-eZ-

500 g weißer Spargel
500 g Erdbeeren
0,1 l frisch gepreßter
Orangensaft
1 EL mittelscharfer Senf
2 EL Himbeer-Essig
1 EL Aceto balsamico
etwas geriebener Apfel
4 EL Traubenkernöl
Salz
schwarzer Pfeffer
Frisèe-Salat
evtl.: Alfalfasprossen
       Kichererbsenspros-
       sen
       Sesamsaat

Den rohen Spargel schälen, halbieren, vierteln (der Länge nach) und in mundgroße Stücke schneiden.
Erdbeeren waschen und vierteln.
Aus den übrigen Zutaten eine Sauce bereiten und über den Spargel geben (sinnvollerweise in einem separaten Schüsselchen, oder?!).
Eine Schüssel oder einen großen Teller mit Frisèe-Salat bedecken, Spargel drauf, Erdbeeren vorsichtig unterheben, fertig. Man kann dann noch die Sprossen in der Pfanne kurz anrösten und hinzufügen, wenn man den Geschmack mehr ins Nussige haben möchte. Ökotrophologisch gesehen: sinnvoll, sinnvoll!

Knödel, Teigwaren und Kartoffeln

Kellengeschoß

„Zwoa in dr Suppn, zwoa mit an Gollasch und zwoa zun Salat" ist eines der Südtiroler Gesetze, wenn es um Speckknödel geht. Der Speckknödel ist nicht einfach nur ein Nahrungsmittel, er ist Bekenntnis und obendrein vielseitig verwendbar. Schon der Römer hat ihn als Waffe verwendet, nachdem er ihn vorher gut hat durchtrocknen lassen. Bekannt sind heute noch die großen Knödelschleudern, Wurfgeräte, bei denen der Knödel in eine Art Kelle gelegt wurde, um, mit Schwung abgeschossen, feindliche Städte in Trümmer zu schießen. Man nannte sie übrigens catapulta, dem berühmten Kater des Archimedes zu Ehren, den der große Erfinder dieser Wurfmaschinen aus unerfindlichen Gründen Pult genannt hatte und der als Testobjekt bei der Null-Serie ein wissenschaftliches Ende fand. Alle mittelalterlichen Burgen hatten sogenannte Pechnasen, durch die Speckknödel dem Feinde aufs Haupt geworfen wurden. Erst der Preuße entwickelte mit der Pickelhaube eine wirksame Abwehr dagegen. Aber der hat sich ja gegen alles gewehrt, was schön ist.

Weichgekocht ist der Knödel eine Delikatesse. Er trägt im wahrsten Sinne des Wortes die Handschrift der Köchin oder des Kochs (deshalb nie vor dem Zubereiten den Müll rausbringen oder den Stall ausmisten o.ä.), er gibt was her auf dem Teller und dient köstlicher Unterhaltung über Versicherungsfragen, wenn er von der Gabel flutscht und im Schoße des Tischnachbarn landet. Man kann ihn auf die Gabel spießen und an ihm komplizierteste Satellitenumlaufbahnen demonstrieren oder ihn als Knebel verwenden (eine der häufigsten Tötungsarten in Tirol). Man kann ihn auch essen. Dazu sollte man ihn zerteilen. Bitte tun Sie das nie mit dem Messer, es sei denn, Sie gehören zu diesen brutalen, rachsüchtigen, zwielichtigen Typen, die auch ihr Frühstücksei köpfen. Aber so einer hätte dieses Buch ja ohnehin nicht gekauft.

Speckknödel

-lsv-

Für ca. 12 Knödel:
500 g Weißbrotwürfel
200 g braune Butter
1 dl Milch
3 Eier
40 g Speck
1 EL Mehl
1 Bund großblättrige
Petersilie

Weißbrotwürfel mit brauner Butter übergießen und gut verrühren. Milch und Eier zum Teig geben und dann beiseite stellen.

Speck in Würfel schneiden (bitte, bitte nur Südtiroler Speck verwenden, alles andere paßt einfach nicht; es wäre, als tränke man Kölsch aus Alt-Gläsern: ein Sakrileg!), ganz kurz anrösten und zur Knödelmasse geben. Jetzt das Mehl untermengen, die feingehackte (ich hab's lieber grob gehackt) Petersilie unterheben und mit feuchten Händen die Knödel formen. Feuchte Hände sind wichtig, Sie ahnen nicht, wie diese Masse an den Händen kleben kann! Die Knödel in sprudelnd kochendes Wasser geben und bei kleiner Hitze 15 Minuten ziehen lassen.

TIP:
Knödel lassen sich wunderbar einfrieren und einzeln entnehmen. Die gefrorenen Knödel in kochendes Wasser legen. Wenn sie oben schwimmen, sind sie gut.

Variante:
Lauwarme oder kalte Knödel in Scheiben schneiden und mit einer guten Vinaigrette-Sauce servieren. Mir schmeckt's am besten pur: nur Essig und Öl!
Oder:
Kalte Knödel in Scheiben schneiden und kurz in Butter anbraten. Auch nicht schlecht.

Blinis op dä Roll

Die Kreativität von Menschen versetzt mich immer wieder in Erstaunen. Hier: Da erfindet der Hl. Gereon den Bierdeckel, weil er als kleiner Schankwirt in Köln-Kalk einfach keine Lust mehr hatte, immer die Theke zu putzen. Das sieht Blinius der Jüngere, der berühmte Geschichtsschreiber aus Quadrath-Ichendorf bei Köln (eines seiner Meisterwerke ist das Nibelungenlied: „Hagen sprach, dat sähste keinem Doofen ...“), ruft sein berühmtes „Heureka!“ aus und sagt: „Dat isset! Kuchen in Scheiben!“ Er haut was Teig in die Pfanne, drückt ihn mit dem Bierdeckel platt und schwupp! ist dat Dingen fertig. Ein Karton, in den jeweils 50 Stück passen, ist schnell gefunden, und so war Blini der Jüngere ab da mit seiner berühmten Blini-Rolle unterwegs. Unter anderem auch nach Pompeji, das er gerade verlassen wollte, als der Vesuv ausbrach. Die Lava drückte unseren armen Forscher zu Boden und seine Blini-Rolle auch. Er konnte sich gerade noch retten, mußte aber seine Blinis zurücklassen. Plattgedrückt von der Lava und zu Pfannengröße ausgewalzt erhielten sich aber diese doppelt gebackenen Blinis bis ins hohe Mittelalter. Da wurden sie von Rudolf von Habsburg, der ursprünglich Vulkanologe werden wollte und sich eine Zeitlang studienhalber in Pompeji aufhielt, entdeckt und nach Wien gebracht, um von dort aus als Palatschinken ihren Einzug in die k.u k. Monarchie zu halten. Wer jetzt aber auf die Idee jekommen is, dat man da am besten Vodka dabei trinkt: Ich weiß et nit! Ewwer es och ejal: Et jitt Ideen, wat der Rheinländer jään övvernimmp, och wenn sie nit vun he sin!

Blini

-f, eZ-

25 g Trockenhefe
0,15 l lauwarme Milch
0,13 l kalte Milch
200 g Buchweizenmehl
100 g Vollweizenmehl
2 Eigelb
2 Eiweiß
1 Messerspitze Salz
1 Prise Zucker
(Diabetiker: ohne jeht et
och!)
30 g Butter

Trockenhefe in der lauwarmen Milch auflösen und mit der Hälfte vom Buchweizenmehl (100 g) verrühren.
Diesen Teig 2-3 Stunden gehen lassen.
Die beiden Eigelb mit Salz und Zucker (Diabetiker: wie jesacht: muß nicht!) verrühren, dann die Butter zerlassen und mit der Milch verrühren, das Ganze unter den gegangenen Teig mischen, den Rest Buch- und das Vollweizenmehl beifügen und diesen Teig glatt schlagen. Der Teig darf nicht zu dick sein, eventuell kann man noch was Milch hinzugeben.
Die beiden Eiweiß steif schlagen und unterheben.
Den Teig nochmal 1 Stunde gehen lassen.
Pfanne auf den Herd, Olivenöl hinein und runde Blini-Plätzchen backen.

Blinis lassen sich gut vorbereiten und im Kühlschrank 1-2 Tage aufbewahren. Auch Einfrieren (getrennt durch Alu- oder andere geeignete Folie) ist gut möglich.

Servieren:

Auf die kalten oder lauwarmen Blinis kommt etwas saure Sahne, Kaviar drauf (deutscher oder eben...!), Räucherlachsscheibchen sind auch nicht schlecht, Vodka oder Champagner in die Hand und das Ganze in dichter zeitlicher Abfolge oral einnehmen.

Varianten:

Statt Vodka oder Champagner geht auch Quadenhofer, ein

Körnchen oder sonst ein rheinischer Einfachbrand, Kabänes allerdings geht auf keinen Fall (auch wenn Kabänes im Rheinland lange Zeit so populär war, daß er zur Konkretisierung von Vornamen herhalten mußte, so z.B. Kabänes-Jupp, falls Jupp diesem Ge..ffs sehr zugetan war).

Oder:

Auf die Blinis kann man auch Kräuterquark geben (statt saurer Sahne) oder was immer der Gaumen begehrt, was allerdings nicht als „Conditio sine qua(rk) non" gesehen werden sollte. In jedem Fall sind aber die flüssigen Geschmacksträger der Blinis (wie jesacht: kein Kabänes) ein Muß!

Pfannkuchen

-eZ-

125 g Mehl
(das kann halb Weizen-
halb Buchweizenmehl
sein)
Prise Salz
3 Eier
ca. 0,2 l Milch
30 g weiche Butter

Die Zutaten zu einem glatten Teig verrühren und (falls dies gelungen ist) einen glorreichen Rosenkranz lang (ca. 30 Minuten) ruhen lassen.

Butter (ganz gut: geklärte Butter, Schaum abschöpfen) heiß werden lassen (aber nicht braun!), eine Schöpfkelle voll Teig in die Mitte geben und durch geschicktes Anheben der Pfanne kreisrund verteilen. Sie wissen schon: r^2 mal π.

Wenn die eine Seite gebräunt ist, kommt die große Nummer: Pfanne herzhaft in die Hand genommen, mit geschicktem Schlenker den Pfannkuchen hochgeworfen und mit der ungebräunten Seite in die Pfanne fallen lassen.

Wenn erstmal die Küchendecke flächendeckend mit diesen schönen runden Mustern gepflastert ist, ist die Anfangsnervosität bezwungen und die Bühne frei für Ihren großen Auftritt vor Kindern oder Gästen. Schauen Sie halt, daß keine Brillenträger in Ihrer unmittelbaren Nähe stehen: es schmeckt einfach nicht so gut. Dahingegen können die neuen, weichen Kontaktlinsen das Essen zum reinen Vergnügen machen ("Na, Kinder, in welchem Pfannkuchen sind denn die Linsen von Tante Käthe?"...).

Jetzt ist es geschafft und Sie können variieren:

Z.B. Pfannkuchen (Crêpes) in Orangenbutter.

Ihrer Phantasie sind bei der Variierung von Pfannkuchen (z.B. Früchtekompott, Kastanienpürree...) keine Grenzen gesetzt.

TIP:
Pfannkuchen halten sich im Kühlschrank 2-3 Tage und lassen sich auch sehr gut einfrieren. Es läßt sich auch gut Frittatensuppe draus machen (Frittaten: kalte Pfannkuchen, in Streifen geschnitten, als Suppeneinlage).

Der nächste Gang, bitte!

Wenn sie dann endlich auf dem Tisch sind, die Spaghetti, dann kommt die große Frage: wie kriejen mir jetzt dat Teil in der Mund 'erein?

Zunächst mal muß die Sauce verteilt werden, die meistens als Häubchen auf den Nudeln thront. Da gibt es zwei Typen: den Gabelstapler und den Tortenheber.

Der Gabelstapler führt vorsichtig die Zinken der Gabel durch den Saucenklecks und wickelt ein paar Nudeln auf, dergestalt, daß sie möglichst dick mit Sauce beladen sind. Ein empfehlenswertes Vorgehen. Nachteil: nach drei Bissen ist keine Sauce mehr da.

Der Tortenheber steckt Löffel und Gabel unter das Nudelgewirr und hebt erstmal die ganze Portion hoch über den Teller. In der Regel rutscht dabei die Hälfte der Nudeln auf den Teller zurück, er fängt sie auf, wobei ihm die andere Hälfte wegflutscht, die ersten Nudeln landen auf der Tischdecke; unbeirrt wiederholt er die equilibristische Darbietung in der Hoffnung, daß sich die Sauce so umso besser über alle Nudeln verteile, sie verteilt sich aber am Tellerrand, auf Handrücken und Tischdecke, nur nicht auf den Nudeln. Er wiederholt schließlich diesen Vorgang so lange, bis entweder kaum noch was da ist oder der Kellner mit dem nächsten Gang kommt.

Dann kommt die Frage nach dem Handwerkszeug. Man kann mehrere Typen voneinander unterscheiden: Spitzmaul, Breitmaul, Klatschmaul und Ochsenmaul.

Spaghetti mit Gehacktem

-eZ-

70 g Frühlingszwiebeln
1 große Tube
Tomatenmark
6 Tomaten
20 g Basilikumblätter
1,5 kg Rinderhack
1 pikante Salami oder
150 g Pancetta
3 kleine Zweige Rosmarin
1-1,5 l Brühe (Hühner
oder Gemüse)
4 kleine Lorbeerblätter
etwas Estragon
etwas Weißwein
Salz
Pfeffer

Das Reinhau-Essen nach schweren körperlichen Tätigkeiten wie Umzug, Steuererklärung etc.

Zwiebeln in Öl glasig dünsten, Tomatenmark dabei, Fleisch 'erein, avlösche met dr Brüh, dä Reß dabeijekipp, koche losse un wenn et feedisch es: övver de Nuddele däue un esse. Jet rude Wing dabei, Schnäpssche drop un schloofe!

Das Spitzmaul

Das Spitzmaul ißt mit Löffel und Gabel. Es hat dünne scharfe Lippen, mit denen es auch Blech schneiden kann. Das Spitzmaul wickelt ein bis zwei Nudeln auf die Gabel, nie mehr, und schnappt danach. Mit der Innenseite der Lippen streicht es sich die Nudeln in den Mund. Deshalb braucht es nie die Lippen nachzuziehen, was sehr vornehm wirkt. Manchmal streift es die Nudeln mit den Zähnen von der Gabel, aber das hat noch keiner genau gesehen. Das Spitzmaul nimmt die Welt nur in kleinen Häppchen zu sich. In größeren Bissen kann so viel versteckt sein, und dann hat man es im Mund und muß es ausspucken. Das Spitzmaul will sich nicht vorwerfen lassen, ordinär zu sein. Das Spitzmaul war nicht immer schon eines, es ist langsam eines geworden. Wie oft hat es sich verschluckt, als es noch große Bissen zu sich genommen hat. Dem Spitzmaul ist vieles im Hals stecken geblieben. Aber dann hat es gelernt, nur noch so viel von der Welt zu sich zu nehmen, wie es mit den Lippen schneiden kann. Nur wenn es was von sich gibt, macht das Spitzmaul die Lippen ganz groß und rund, daß es wie ein gestanztes Loch aussieht, und gibt der Welt alles zurück, was es hat schlucken müssen. Die Welt kann es vertragen, da ist viel Platz, und vielleicht trifft es den Richtigen. Wenn das Spitzmaul lächelt, macht es die Lippen ganz flach und zieht die Mundwinkel ein bißchen nach oben. Wer es wert ist sieht's, und für die anderen ist es ohnehin nicht bestimmt. Das Spitzmaul hat immer Hunger, weil Hunger wach hält. Nachts kniet das Spitzmaul vor dem offenen Kühlschrank und ißt Crème caramel mit der linken Hand. Mit dem Zeigefinger der rechten Hand drückt es auf den Lichtschalter, damit keiner es sehen kann.

Spaghetti aglio e olio

-eZ-

400 g Spaghetti *3 Knoblauchzehen* *2 kleine Pfefferschoten* *(z.B. in Salz eingelegte* *Piri-Piri oder andere* *scharfe Schoten)* *0,1 l Olivenöl ca. (kann* *auch was mehr sein)* *etwas gehackte Petersilie*	Knoblauch und Pfefferschoten kleinhacken und im Olivenöl anbraten. Salzen, über die Spaghetti geben und Petersilie unterziehen.

Nudeln Zeno

-eZ-

300 g Tagliatelle *2 Schalotten* *Butter* *0,4 l Schlagsahne* *3 Gemüsebrühwürfel* *3 Zweige Rosmarin (nur* *die Nadeln)* *trockener Sherry* *150 g gekochter Schinken* *Parmesan (Emmentaler)*	Tagliatelle „al dente" kochen. Währenddessen Schalotten kleinhacken und in Butter andünsten. Schlagsahne rein, Gemüsebrühwürfel, Rosmarinnadeln und trockener Sherry rein. Alles 10 Minuten einkochen lassen. Ganz zum Schluß den Schinken dazu geben. Auffe Nudeln drauf, woll, Parmesan drüber und dann is Trallafitti auffe Bude!

Der Breitmaul

Der Breitmaul liebt Eintöpfe und große Löffel. Wenn es etwas anderes gibt, schneidet oder zerdrückt er es so, bis er es mit dem großen Löffel essen kann. Er mag keine Spaghetti. Breite Nudeln oder Lasagne sind ihm lieber. Wenn er Spaghetti auf dem Teller hat, schneidet er sie so klein, daß er sie löffeln kann. Der Breitmaul reißt dann das Maul weit auf und schaufelt Löffel für Löffel hinein. Jeder darf sehen, was er für ein großes Maul hat. Das wäre ja noch schöner, daß einer nicht zeigen kann, was für ein Genußmensch er ist. Der Breitmaul lacht alle aus, die nicht so viel Platz haben wie er. Wie vollmundig die Welt doch schmecken kann, und die Armen wissen es nicht. Der Breitmaul liebt Buffets, Heinrich George und den Petersplatz in Rom. Er trägt seinen Löffel in der Jackentasche gleich neben den Zigarren, weil es immer was zu löffeln gibt. Vorsichtig zu sein ist nicht seine Art. Was geht so einem nicht alles verloren! Was auf dem Löffel ist, kann man auch vertragen. Der Breitmaul hat zwei Garagen, einen Weinkeller und eine Frau, die gut kochen kann. Er schickt seine Kinder schon mit zwölf zum Schüleraustausch in die USA, damit sie rechtzeitig löffeln lernen. Der Breitmaul haßt Ärzte. Das kennt er schon, die wollen einem nur den Löffel wegnehmen. Wenn er keinen Löffel mehr hat, erstickt er mit offenem Mund.

Nudelauflauf

-eZ-

Für 10 Personen:
750 g Nudeln
1-1 1/2 kg Zucchini
0,4 l Sahne
7 Eier
300 g Käse gerieben
(Gouda)
gemischte Kräuter
(Majoran, Oregano,
Estragon, Thymian...)
eingelegte Kräuter (z.B.
Herbes de Provence)
2 Knoblauchzehen

Nudeln kochen.
Währenddessen die Zucchini in der Küchenmaschine scheibeln und die übrigen Zutaten gut damit vermengen. Bei den Kräutern nicht sparen.
Ofen auf 180 Grad vorheizen.
Form mit Nudeln füllen, Zucchinimasse drauf, mit ein paar Butterflöckchen belegen und ca. 20 Minuten im Ofen backen.

Hervorragend geeignet für Kinder.

Der Klatschmaul

Der Klatschmaul hat keine Zeit, auf das Besteck zu achten, wenn er ißt. Er hat eine Oberlippe und eine Unterlippe, die er unabhängig voneinander bewegen kann. Wenn er mit der Oberlippe die Nudeln von der Gabel, dem Löffel oder von der Hand streicht, erzählt die Unterlippe weiter. Er hat keine Zeit, darauf zu achten, ob ihm was runterfällt. Es gibt noch so viel zu erzählen. Und alles ist wichtig. Manchmal schlürft er die Nudeln ein, wenn er gerade ein Wort mit U ausspricht. Dann spritzt die Sauce um sein Gesicht, was sehr lustig aussieht. Den Klatschmaul stört das nicht. Nur wer nichts zu sagen hat, achtet auf Äußerlichkeiten. Der Klatschmaul liebt Nebensätze, um den Hauptsatz bis ins Entlegenste erklären zu können. Man weiß ja, wie wetterwendisch Wörter sind. Da ist schnell was gesprochen, aber so hat man es nie gesagt. Der Klatschmaul mißtraut dem Großen, weil er weiß, daß es sich aus Kleinem zusammensetzt. Erst wenn er das Große klein gemacht hat, ist er zufrieden, aber dann gibt es schon wieder ein neues Großes, dem man auf die Schliche kommen muß. Der Klatschmaul ißt, weil es nicht anders geht. Aber nie allein. Er weiß, daß die Menschen besser zuhören, wenn sie den Mund voll haben. Das ist seine Stunde. Der Klatschmaul hat kein Video, kein Radio, kein Fernsehen, aber in jedem Zimmer einen Telefonanschluß. Sein Lieblingsberuf ist Zahnarzt. Da träufelt er dem Patienten jedes Wort einzeln in den Mund und verschließt es mit einer Plombe. Der Klatschmaul schläft mit einer Augenbinde und Oropax. Der Klatschmaul weiß, daß es ein ewiges Leben nach dem Tode gibt und freut sich schon darauf.

Nudelauflauf mit Hackfleisch

-eZ-

Für 6 Personen:

500 g Nudeln
(z.B. Maccaroni)
1 Gemüsezwiebel
600 g Rinderhack
(oder Lammhack!)
1 kg Tomaten
(gehäutet, gewürfelt)
1 Glas Rotwein
40 g Butter
4 EL Mehl
3/4 l Milch
Muskat
etwas Zimt
Pimentpulver
Salz
Pfeffer
etwas Zitronensaft
3 Eier
200 g geriebener Käse
(mittelalter Holländer
oder Emmentaler)
1 Bund Petersilie

Nudeln „al dente" kochen.
Rinderhack kräftig anbraten, mit Zimt, Piment, Salz und Pfeffer abschmecken. Tomaten und Weißwein zugeben und einkochen. Separat 40 g Butter erhitzen, mit Mehl abstäuben und langsam die Milch zugeben und aufkochen lassen. Mit Salz, Pfeffer, Muskat und Zitronensaft abschmecken. Abkühlen lassen und dann 2 Eier unterrühren.
Die Hälfte der Nudeln in eine feuerfeste Form geben, mit etwas Käse bestreuen.
Petersilie hacken und mit einem Ei unter die Hackfleischmasse geben. Diese Masse auf die Nudeln geben und mit den restlichen Nudeln abdecken. Darüber die Milchsauce gießen, restlicher Käse drüber und ab in den Ofen. Bei 180 Grad ca. 30 Minuten backen.

Das Ochsenmaul

Das Ochsenmaul mißtraut allem Besteck. Am liebsten ißt es direkt vom Teller. Es hat so oft erleben müssen, daß es einen Bissen schon fast im Mund hatte und dann wurde er ihm doch noch weggenommen. Das Ochsenmaul beugt sich über den Teller, um den Weg zum Mund zu verkürzen. Mit den Schultern sichert es die Seiten. Wenn einer nicht sieht, was auf der Gabel ist, kann er auch nicht neidisch sein. Wenn alles gesichert ist, schaufelt das Ochsenmaul bedächtig Bissen für Bissen in sich hinein. Ab und zu wirft es einen sorgenvollen Blick in die Umgebung. Warum muß man es auch zwingen so zu essen? Die Welt könnte so friedlich sein, wenn jeder nur auf seinen Teller schauen würde. Das Ochsenmaul liebt das Überschaubare. Es hat den Betrieb vom Vater übernommen und denkt nicht daran, ihn auszuweiten. Wer viel hat, kann viel verlieren, und wem kann man schon trauen. Das Ochsenmaul hat kein Mitleid mit den Armen. Wer das tut, was er wirklich kann, findet auch ein Auskommen, sagt es und schließt die Tür. Das Ochsenmaul liebt das Erprobte und haßt Experimente. Man muß nur Geduld haben, dann wiederholen sich die Dinge von selbst. Wer sich keine Zeit nimmt, muß nicht beklagen, daß er keine hat.

Döppekooche
(Topfkuchen)

-eZ-

2 kg festkochende Kartoffeln	Die Kartoffel (Küchenmaschine!) reiben, das Wasser sich absetzen lassen und die verbleibende Stärke wieder unter die Kartoffelmasse geben.
200 g nicht zu magerer aromatischer Speck	
4 Eier	Eier, gehackte Schalotten, zerdrückte Knoblauchzehe, Majoran, Thymian, Salz, Pfeffer, Muskat verrühren und unter die Masse rühren.
6 Schalotten	
1 große Knoblauchzehe	
frischer Majoran	TIP:
frischer Thymian	Möglichst frische Kräuter nehmen. Oder: tiefgefrorene oder in Öl eingelegte Kräuter.
etwas Muskat	
Salz	
Pfeffer	Ofen auf 200 Grad vorheizen.

Den Speck in dünne Scheiben schneiden, mit der Hälfte den Boden einer feuerfesten Form auslegen. Darauf die Hälfte der Kartoffelmasse geben. Mit der zweiten Schicht Speck abdecken und mit der Kartoffelmasse auffüllen.
Bei 200 Grad im Ofen ca. 1-1 1/2 Stunden backen. Der Döppekooche soll eine schöne braune Kruste haben.
Heiß in der Form servieren und bei Tisch in Scheiben aufschneiden.

TIP:
Gemischter Salat dabei.

Nichts als Hunger

Wissen Sie, wie dat es? Do setzt man sich in et Auto, fährt irjendswohin, um do ze spille, steiht drei Stund op dr Bühn, dann bisse wieder em Auto, inzwischen es et jot Mitternacht, Hunger bis unger die Ärm (Arme), die janze Streck es et am rääne (regnen), die Lkw's spritze Dich voll, dat De nur noch em Blindflug övver die Autobahn am jurke bes, em Radio lööf och nur Tekkno met dem Bumm-Bumm-Bumm-Bumm, dat Dr de Ohre flieje jon (gehen), inzwischen es et halver ein, dann kütt endlich Bonn, noch zwei Kurve, flügg injepark, der Schlüssel erein, Dür op un plötzlich rüch et! Ewwer esu jet von lecker! Nee, wie dat rüch (riecht)! Also dat han ich jo lang nit mieh jehat, dat et esu lecker rüch in uns Wohnung. Einmalig! „Liebelein, wat hässe dann jekoch? Dat rüch esu jet von lecker!". Un et Liebelein säht: „Döppekooche. Ewwer für morje! Für Dich han ich ei weich Ei jekoch, Du solls doch esu spät nit esu vill esse!" Dat De do friedlich blievs (bleibst), es nur deshalb, weil dä Döppekooche esu jot rüch, dat De Dich zwangsläufig op morje freus! Esu es dat.

Kleine Speckkuchen

-eZ-

2 Scheiben fertiger Blätterteig	Butter schmelzen und Mehl anschwitzen. Milch und Sahne unterrühren und mit Muskat, Salz, Pfeffer abschmecken.
20 g Butter	Topf vom Herd nehmen und die Eier einrühren. Alles durch ein
15 g Mehl	Sieb streichen.
6 EL Milch	Speck und Zwiebel im Olivenöl goldgelb rösten.
6 EL Schlagsahne	Blätterteig sehr dünn ausrollen und vier Förmchen damit
Salz	auslegen. Teigboden mit einer Gabel einstechen.
Pfeffer	Speck rein, Sauce rein und alles in den Ofen.
2 Eier	Bei 220 Grad (vorgeheizt), mittlere Schiene ca. 15 Minuten
1 mittelgr. milde Zwiebel	backen.
60 g Speck	
1 EL Olivenöl	

Variante:
1. Kleingehackte Pilze zugeben.
2. Frische Kräuter (Majoran, Thymian ...).

Kölsch Paradies

Fragen Sie doch mal einen Kölner, was Rievkooche, Reibekuchen ist. Er wird Sie vermutlich völlig entgeistert anschauen und dann sagen:

„Rievkooche? Jute Frage! Tja, Rievkooche, wat es dat? Ich mein: Rievkooche es Rievkooche, ne, da gibbet kein Vertuen. Dat es, ich meine: Kennt hier jeder, ne. Aber jetzt, wo Sie esu frage, wat dat es, also, ich meine: Da hat man ja noch nie darüber nachjedacht, ne. Dat es einem esu vertraut, ne. Also, wenn mich jetzt einer froge dät: Wat es Rievkooche?, also do wüßt ich jetzt en dem Moment nicht, ich meine: Sicher, klar, ne, Rievkooche. Nur wie man dat jetzt erkläre...Liebelein! Do es einer, dä will wisse, wat Rievkooche es ... Bitte? ... Jo, han ich och jesaat ... Ja sicher Ädäppel (Kartoffeln), klar, wat dann sons, normal, ohne jeiht (geht) jo nit. Dat wör jo wie Kölle ohne Dom oder wat, ne, also Rievkooche, dat es wenn man der Teig en dr Pann erein, ne, un op dr Teller, ne, ich meine: Der beste Rievkooche jibbet jo am Büdchen vürm Hauptbahnhof, also dat es einmalig, ne, wat et do für eine Rievkooche jitt, do is dä Werner Höfer och immer singe Rievkooche am esse, ne, kennen Sie jo, der wat früher immer om Fern, ne, dä Frühschoppen oder wat dat wor, ne, ein feiner Mann, ne, un dä steiht do och immer am Büdche weijen dem einmalije Rievkooche wat die do han, ne, dat es ewwer och esu jet von lecker, wenn ich zum Beispiel en dr Stadt zu tuen habe, ne, wenn et irjends jeiht don ich mir do immer zwei, drei Rievkooche erein, ne, dat es einfach, wie soll ich sage, Tradition, ne, dat man do ... Bitte? Jetzt wisse Sie et immer noch nit? Ja sicher, ewwer, wie soll ich sage? Wisse Sie wat? Jon Sie einfach nohm Büdche vür dem Hauptbahnhof un losse Sie sich Rievkooche jewwe, dann wisse Sie, wat dat es. Wie Sie dat Büdche finge künne? Immer dr Nas nach, junger Mann. Un wenn Sie dann de Rievkooche om Tellerche han, Auge zo un Sie sin em kölsche Paradies!"

Rievkooche (Reibekuchen)

-eZ-

Für 10-12 Stück:

1,5 kg Kartoffeln
3 Eier
1 mittlere Gemüsezwiebel
1 Knoblauchzehe
1 EL Mehl
Salz
Muskat
Öl

Kartoffeln schälen und reiben. Am besten in ein Tuch oder ein Sieb, damit die Masse abtropfen kann. Geriebene Zwiebel, Eier, Salz und Muskat untermengen und eventuell etwas Mehl zufügen, falls der Teig „etwas Halt" braucht.
Der Teig sollte noch gut von der Kelle rutschen können.
Den Teig löffelweise in das gut heiße Öl geben und von beiden Seiten goldgelb backen.

Un dann dreck op dr Desch!

Varianten:

Diät: Ohne Fett im Waffeleisen backen - das geht!
China: Mit Erdnußöl und Sesamöl (1 Tropfen) würzen.
Kräuter: Mit Herbes de Provence oder anderen frischen Kräutern abschmecken.

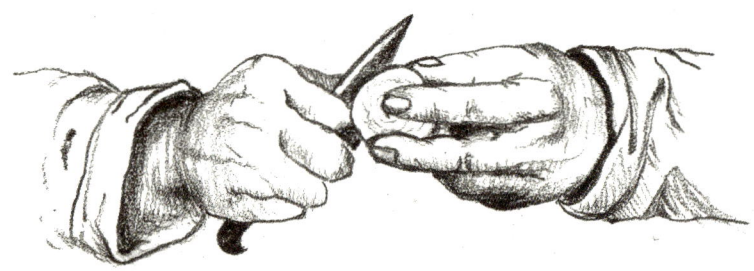

Maschas Kartoffeln

-eZ-

1 kg Kartoffeln *Olivenöl*	Kartoffeln schälen, in Schnitze schneiden und in kochendem Salzwasser 3-4 Minuten blanchieren. Olivenöl in eine feuerfeste Form geben. Die Schnitze im Öl wenden. Die Form in den (vorgeheizten!) Ofen geben und bei 230 Grad ca. 35 Minuten garen. *Varianten:* *Rosmarinkartoffeln:* Einfach 10 Minuten vor Ende die Nadeln von ein paar frischen Rosmarin-Zweigen auf die Kartoffeln legen. *Estragonkartoffeln:* Ebenso (aber natürlich mit Estragon!). *Knoblauchkartoffeln:* Dasselbe mit Knoblauchscheibchen (eines der wenigen Wörter mit drei ch's; 19 Buchstaben, aber nur 6 Vokale, da soll sich einer nicht den Gaumen verstauchen). PS: Falls zwischen dem Blanchieren der Kartoffeln und Essen derselben doch noch ein Kind zu wickeln, ein Telefonat zu erledigen, Milch einzukaufen und der lange versprochene Besuch im Zoo zu absolvieren ist: blanchierte Kartoffeln lassen sich gut aufbewahren!

Reis und Polenta

Je Kyffer der Kaiser, desto Reiser der Mais

Es gibt Gerichte, die haben das Rheinland erst spät oder gar nicht erreicht. Im Großen und Ganzen zu Recht, wenn ich an Leipziger Allerlei oder boarische Hirnprofesen denke. Manchmal aber auch zu Unrecht. Polenta und Risotto ist so ein Fall. Abgesehen davon, daß diese beiden Gerichte der rheinischen Neigung, alles in einen Topf zu schmeißen und „dann gucken wir mal weiter", vollkommen entsprechen, stellen sie auf ihrem Weg nach Köln auch quasi eine Rückkehr ins Heimatland dar. Und das war so:

Als der Schwabe Barbarossa (er war ja gebürtiger Waiblinger) unter dem Decknamen „Wüstenrot" sein Bauprogramm „Schaffe, schaffe, Häusle baue" durchzog, baute er auch in Düsseldorf-Kaiserswerth eine Zollstation mit Palästchen dabei („falls man da mal übernachten müssen sollte"). Wie immer nach dem bewährten Modell: ich baue, ihr zahlt. Nun war Barbarossa nicht umsonst Schwabe. Er sparte, wo er konnte. So auch beim Essen. Er hatte aus Italien Reis und Maismehl mitgebracht, allerdings als Futter für die Tiere. Die Düsseldorfer, stinksauer über das oktroyierte Gebaue, das sie finanzieren sollten, weigerten sich beharrlich, den Kaiser und seinen Troß zu beköstigen. Das ging so weit, daß sie, die bis dahin selbstverständlich Kölschtrinker waren, sogar ein eigenes Bier erfanden: das Alt-Bier. Seine rötliche Farbe war eine spöttische Spiegelung der kaiserlichen Haarfarbe. Die pfiffigen Düsseldorfer pantschten dieses „Kaiser-Bier" aus den Resten zusammen, die den Bodensatz beim Kölschbrauen darstellten. Leider wurde daraus im Zuge der Worringer Schlacht eine Glaubensfrage, die zur Bildung der Kölsch-Grenze bei Langenfeld führte. Sie ist fast identisch mit der Benrather Linie (Sie wissen schon: nördlich von ihr haben die einfach vergessen, die Laute zu verschieben, typisch), weil Alt-Bier ebends ein Bier ist, das bei regelmäßigem Konsum die Sprache arg in Verfall bringt. Aber das gehört alles nicht hierhin. Barbarossa und sein Troß darbten also vor sich hin. Noch nicht mal Pommes 10/10 wurden geliefert (Was Wunder, kennt der Düsseldorfer doch nur Lachs und Kaviar!). Der Hunger wuchs und die Not war groß.

Da fielen dem kaiserlichen Koch, Graf Eberhard von Maultasch, die riesigen Bestände an Viehfutter ein, die sie mitgebracht hatten: Reis und Mais. Schön und gut, aber wie sollte man dieses Zeug zubereiten, auf daß der Kaiser nichts merke. Übrigens eine vollkommen überflüssige Sorge, weil Barbarossa so mit Alt abgefüllt war, daß er ohnehin nichts gemerkt hätte. Das war die Stunde des kleinen Küchengehilfen Jan van Werth, dem Urgroßvater von Jan Wellem. Der beguckte sich die ganze Aufregung und sagte dann: „Schmieß dä janze Driß en dr Kessel! Wenn et klapp: jot. Wenn nit: och ejal!" Gesagt getan. Und, oh Wunder, es klappte. Zwar gingen die ersten Versuchsreihen als Mörtel an die Baustelle, aber dann wurden dem Kaiser köstliche Polenta und Risotto alla tedesca serviert. Barbarossa war hochbeglückt, zumal dieses köstliche Essen „fascht umsunscht" war, vergaß aber nicht, sich an den Düsseldorfern dadurch zu rächen, daß er ihnen dieses Beispiel rheinischer Erfindungskraft vorenthielt. Er nahm den kleinen Küchenjungen wieder mit nach Italien und entließ ihn erst dort aus seinen Diensten. Jan van Werth machte eine große Karriere mit der Restaurantkette „Machs' no'n Alt" und war's zufrieden. Nie mehr hätte man im Rheinland von dieser rheinischen Erfindung gehört, wäre nicht Konrad Adenauer schon bei seinem ersten Cadenabbia-Urlaub hingerissen gewesen von diesen Gerichten. Er brachte im Zuge der Europäisierung seiner Politik die Rezepte in Bonn unter die Leute. Seitdem sind Polenta und Risotto vom rheinischen Speisezettel nicht mehr wegzudenken!

Grundrezept Polenta

-lsv, eZ-

1 1/2 l Wasser *10 gr Salz* *300 g Maisgrieß (Polenta)*	Wasser in einem hohen Topf (falls Sie Ihre Hände und die Tapete schonen möchten!) erhitzen. Bevor es kocht, Salz zufügen. Den Maisgrieß durch die Hand ins Wasser gleiten lassen (und zwar: Körnchen für Körnchen! Andererseits: wer hat schon so große Hände? Aber: ein Baseball-Handschuh hilft - vielleicht!) und mit der anderen Hand stetig rühren (mit einem Kochlöffel natürlich), damit sich keine Klumpen bilden. Mindestens 45 bis 60 Minuten kochen lassen und immer wieder umrühren (denken Sie bitte an einen Spritzschutz, um - wie gesagt - Hände und Tapeten zu schonen). Wenn die Polenta sich leicht vom Topfgrund lösen läßt, ist sie quasi fertig. Dat Janze nun auf ein vorher mit kaltem Wasser abgespültes Backblech ca. 1-2 cm dick auftragen (da hilft ein breites Messer oder ein Teigspachtel und: immer wieder mit kaltem Wasser abspülen). Wenn sie erkaltet ist, läßt sie sich gut in Scheiben schneiden und weiter verarbeiten. Z.B. in Butter leicht anbraten und servieren. Man kann die frische Polenta auch in einen - vorher kalt ausgespülten - Savarin-Ring geben, was, wie meine Frau nicht müde wird zu betonen, schöne romanische Bögen ergäbe, wenn man Scheiben daraus schneidet. Ich kann nur sagen: Savarin-Ring? *Niemals*! Für mich ist das die Ästhetik aus der „Toast-Hawaii-Zeit". Brrrr!

Polenta mit Gorgonzola

-lsv-

250 g Gorgonzola 3 EL Rahm 100 g Butter Salbei Pfeffer Salz 1/2 dl Madeira	Gorgonzola, Rahm und Butter erhitzen, mit den übrigen Zutaten abschmecken und über die Polentascheiben ziehen.

Polenta mit Steinpilzsauce

-f-

1 kg Steinpilze 200g Speck (in Würfeln) 100 g Schalotten 70 g Butter 1/2 dl Marsala + Sherry (half'n'half) 4 EL Crème fraîche etwas roter und schwarzer Pfeffer 1/2 Bund Petersilie	Steinpilze in Scheiben schneiden, mit den Speckwürfeln und den kleingehackten Schalotten in Butter anbraten, mit Marsala-Sherry-Gemisch ablöschen. Crème fraîche „dabei", mit Pfeffer abschmecken und zum Schluß die Petersilie unterziehen und servieren. Salzen ist in der Regel nicht nötig, da der Speck genügend gesalzen ist. Die Polenta leicht in Butter schwenken, auf den Teller plazieren und mit der Pilzsauce überdecken. TIP: Polentareste, die am Topf kleben (kleben immer am Topf) im heißen Wasser mit Spülmittel über Nacht einweichen, lassen sich dann mühelos entfernen.

Polenta, überbacken

-eZ-

Polenta gekocht (s.o.)	Butter schmelzen, Knoblauch, Salz, Salbei dazugeben.
80 g Butter	Polenta in Scheiben schneiden (nach Belieben).
1 große Knoblauchzehe (gepreßt)	Scheiben in eine feuerfeste Form geben.
10 Salbeiblätter (kleingehackt)	Hartkäse in dünne Scheiben schneiden und auf die
Salz	Polenta legen. Alles mit geriebenem Pecorino bestreuen.
italienischer Hartkäse	Zum Schluß die Butter-Kräuter-Mischung drübergeben.
(z.B. Galbani)	Im vorgeheizten Ofen überbacken.
Pecorino romano	

Und nacha?!

Sie hieß Loise (man sprach es so aus: Loißä), war ohne Alter und die unerbittlichste Kellnerin der Welt. Sie war Feldwebel im Frontdienst und das Gasthaus „Zur Post" ihr Kriegsschauplatz. Unerschütterlich war ihre Loyalität zu dem Mann, der für sie oberster Kriegsherr und unnahbarer Halbgott war: dem Herrn von G., Inhaber des Imperiums „Zur Post". Seine Interessen zu wahren und seinen Besitz zu mehren, waren ihr Aufgabe und Lebensziel. Dementsprechend war jeder Gast ihr Gegner, den es zu überwältigen galt. Wenn er hier, an der Front, schon die Sitze blanksitzen, Servietten, Besteck und Geschirr beschmutzen und dem Herrgott die Zeit stehlen wollte (und ihre dazu), dann sollte er auch dafür bezahlen.

Sie wußte, daß Menschen nichts selbstverständlicher ist als das Schöne und wie ungern sie dafür Geld ausgeben. Also versuchte sie es erst gar nicht mit Freundlichkeit. Ihr Gang war gespornt, ihr Blick ein Verhör und ihre Sprache von militärischer Präzision. Niemals wären Sätze wie: „Bitte schön, was darf's denn sein?" über ihre Lippen gekommen. Kaum saß der Gast am Tisch, stand sie schon neben ihm und donnerte ihm ein fragendes „Ja?" entgegen. Wehe dem, der jetzt nur ein karges „Einen Kaffee, bitte", über die Lippen brachte. Loise wiederholte: „Einen Kaffee, aha!" und blieb stehen. Drohend hielt sie Bleistift und Notizblock im Anschlag. Sie hatte Zeit. Viel Zeit. Der wird schon sehen, wie weit er mit seinem „Einen Kaffee,bitte" kommen wird. Schwieg der Gast auch, handelte es sich also um einen ernstzunehmenden Gegner, kam die Eskalation: „Und dazu?" Kaum einer, der dem Druck nicht nachgegeben hätte. Zumal Loise dieses „Und dazu?" mit einer Lautstärke dem Gast an den Kopf donnerte, die alle in der Gaststube aufhorchen ließ. Aha, da war also wieder einer, der unserer Loise das Leben schwer machen wollte. Man drehte sich nach dem Provokateur um. So schauen Kriegsgefangene einen an, wenn sie ihm bedeuten wollen, daß es eh keinen Zweck hat, die Wachen zu provozieren, da diese am längeren Hebel sitzen. „Ja, äh, vielleicht ...", begann der Gast. „Ja?", konterte Loise. „Ein Glas Wein?" „Vom guten oder vom offenen?", drohte Loise weiter. „Ja, äh ..." „Ein Kaffee und ein Glasl vom Guten", bestätigte triumphierend Loise, blickte in die

Runde, um dann die Kartätsche loszulassen, auf die nun alle warteten: „Und nacha?" (was so viel heißt wie: und nachher?) Und dieses „Und nacha?" war dank ihrer lebenslangen Feldwebeltätigkeit im ganzen Tal sprichwörtliche Redensart geworden. Jeder kannte, jeder fürchtete Loises „Und nacha?". Jeder wußte: Loise wankt nicht, Loise hält durch und geht erst, wenn diese Frage eine vernünftige Antwort gefunden hatte. „Ja, äh …" „A bissl Aufschnitt?" half Loise. „Hm, äh …" „Kaffee, ein Glasl vom Guten und Aufschnitt", donnerte Loise Richtung Theke und ließ vom Gast ab, nicht ohne den übrigen Gästen zu bedeuten: wage es einer, mir zu widerstehen, gnadenlos gebe ich ihn der Lächerlichkeit preis.

Ich war drei Jahre alt, als ich Loise kennenlernte. Die Wohnung meiner Eltern war ein paar hundert Meter von der „Post" entfernt. Ich machte einen kleinen Ausflug und setzte mich an einen der Tische. Loise nahm meine Bestellung auf: ein Glas Milch und zwei Stück Apfelstrudel. Loise brachte mir die Köstlichkeiten und ließ mich wieder gehen. Mittags kam mein Papa. Wie immer trank er einen Kaffee, bevor er in seine Kanzlei ging. Loise nahm seine Bestellung auf. Kein „Und dazu?", kein „Und nacha?" entsprang dem Gehege ihrer Zähne (um mal mit Homer zu sprechen; ich meine: Wenn man das schon gelernt hat in der Schule, kann man es ja auch mal heraushängen lassen, oder?!). Man tuschelte. Man war erstaunt. Was war mit Loise los? War sie krank? Mußte man sich Sorgen machen? Mein Papa wollte zahlen. „Ein Kaffee, ein Glas Milch und zwei Apfelstrudel", rechnete Loise zusammen. „Moment, Loise, es war aber nur ein Kaffee!" wandte Papa ein. „Jetzt schon. Aber vormittag war der Herr Sohn da und konnte nicht bezahlen", antwortete Loise. „Das kann aber nicht sein, Loise. Die beiden Großen sind in der Schule und der Kleine ist erst drei." „Alt genug fürs Gasthaus", konterte Loise ungerührt und hielt meinem Papa die Rechnung unter die Nase.

Loise lächelte nur sonntags. Das war ihr Tag. Wenn wir, Mama, Papa, meine beiden Brüder und ich, an Loises Front gingen um zu essen: Suppe, Risotto, Fleisch, Nachtisch und Eis, dann belohnte uns Loise mit einem Lächeln, das wir uns wie eine Auszeichnung anhefteten. Und manchmal, wenn alles gegessen und abserviert war, brachte sie noch eine Waffel und sagte: „Das ist für den Kleinen." Es war wie eine Ordensverleihung.

Safran-Risotto

-eZ-

2 große Tassen Arborio-Reis
2 1/2 derselben Tassen Weißwein
1 1/2 derselben Tassen Wasser
3-4 Schalotten (kleingehackt)
eine Faust voll Butter
Hühnerfond oder
2 Hühnerbrühwürfel
1 Gemüsebrühwürfel
1 oder 2 Markknochen vom Kalb
etwas (oder mehr) geriebener Parmesan

Schalotten in der Butter leicht anglasen, den Reis dazugeben und mit dem Holzlöffel umrühren (Reis und Schalotten dürfen aber nicht braun werden).

Dann Weißwein und Wasser sowie die Hühnerbrühwürfel (oder Hühnerfond) und Gemüsebrühwürfel dazugeben. Wunderbar sind noch Markknochen vom Kalb, die mitköcheln können. Damit wird der Risotto besonders sämig (und schmeckt zwei Etagen besser).

Bei nicht zu großer Hitze 15-20 Minuten köcheln lassen, dann ist der Risotto am Zahn, al dente. Er sollte jetzt noch einiges an Flüssigkeit aufweisen (also verabschieden Sie sich bitte von der Vorstellung des schüttfähigen, von der Gabel rieselnden trockenen weißen Reises!).

Ab mit der Köstlichkeit auf den Teller, Parmesan drüber (Menge nach Gusto) und fertig.

Der berühmte Stich Butter auf dem Teller ist zwar üppig, ist aber mhmmmm!

TIP:
Salat dabei oder Zucchini gedünstet, in Butter und in Hühnerbrühe gegart, mit Basilikum abschmecken.

Risi Bisi

-eZ-

1 kg Erbsen *(ersatzweise* *350 g Tiefkühlerbsen)* *250 g Reis* *2 1/2 fache Menge* *Flüssigkeit* *(am besten:* *1/3 Weißwein,* *1/3 Erbsenbrühe,* *1/3 Hühnerbrühe)* *2 Schalotten* *1 Knoblauchzehe* *50 g Pancetta* *60 g Butter* *1/2 Briefchen Safran*	Erbsen auslösen und die Hülsen in Wasser eine Stunde lang kochen. Diese Brühe durchseihen und beiseite stellen. Falls Sie tiefgekühlte Erbsen nehmen, können Sie statt dieser Brühe Gemüsebrühe nehmen (Brühwürfel!). Schalotten und Pancetta würfeln und in der Butter andünsten. Knoblauch hinzufügen. Den Reis beifügen und kurz andünsten, dann mit Wein, Erbsenhülsen- und Hühnerbrühe löschen. 10 Minuten bevor der Reis gar ist die Erbsen beifügen. Safran dazu, Salz, Pfeffer, fertig ist die Laube. Mit geriebenem Parmesan (wer möchte) servieren.

Zucchini-Reis
(nicht nur für Kinder)

-eZ-

400 g Reis	Reis in Olivenöl glasig dünsten, mit Brühe ablöschen
1 1/2 l Hühnerbrühe (oder	und ca. 20 Minuten al dente kochen.
Kalbsbrühe)	In the meantime:
500 g Zucchini (gewürfelt)	Speck in Butter andünsten, dann Zucchini, Knoblauch und
50 g Speck (gewürfelt)	Schalotten mitbraten.
2 Schalotten (gehackt)	Das Gemüse nun unter den fertigen Reis heben. Salzen &
2 EL Butter	pfeffern, mit Wein abschmecken. Petersilie unterheben (Variante:
großblättrige Petersilie	Basilikum!) und auf den Tellern mit Parmesan bestreuen.
Parmesan	
Weißwein	
Olivenöl	
Salz	
Pfeffer	

Fisch

Rheingold, 1. Akt

Daß der Rhein quasi fischfrei ist, hat natürlich nichts mit Umweltverschmutzung, Benzolringen und Schwermetallen zu tun. Es hat vielmehr mit Hagen, den Burgundern, Alberich und dem Xantener Siegfried zu tun. Und das war so:

Wie alle großen Geschichten hat auch die Nibelungensage einen wahren Kern. Der aber gab damals schon nicht so viel her, daß man ohne Ausschmückung Tausende von Versen hätte scheiben, eine Reihe von Opern hätte komponieren oder gar einen Film hätte machen können, der einem die Schuhe auszieht. Der wahre Kern ist die übliche Geschichte zwischen der Schönen, dem Dummen, dem Mächtigen und dem, der es immer schon hat kommen sehen. Und natürlich ging es in diesem Durcheinander nur ganz am Rande um Liebe und Götter. Es ging vielmehr, aber das wundert keinen, der das Leben kennt, um Geld und, sozusagen, Lagerbestände. Mit einem Wort: es ging um Fisch!

Lotte

-eZ-

1 Lotte (ca. 1,2 kg) *6-8 Knoblauchzehen* *200 g Pancetta* *50 g gehackte Schalotten* *2 EL Aceto balsamico* *0,1 l Kalbsfond* *0,1 l Crème fraîche* *100 g Butter*	Ofen auf 200 Grad vorheizen. Die Lotte häuten, aber ganz lassen. Zusammen mit der gewürfelten Pancetta und den Knoblauchzehen anbraten. Dann in eine separate Form geben und bei 200 Grad im Ofen ca. 10 Minuten garen lassen. In der Zwischenzeit in der Fischpfanne die Schalotten dünsten, mit Aceto balsamico löschen, Kalbsfond, Crème fraîche und Butter (kalt!) dazugeben. Fisch rein, fertig. Blattspinat ergänzt die Lotte ausgezeichnet.

Lotte mit Knoblauch

-eZ, f-

1 Lotte Weißwein bzw. Champagner Salbeiblätter Spinatblätter Muskatnuß	Die gehäutete Lotte in 2-3 cm dicke Scheiben schneiden. In Butter maximal zehn Minuten anbraten (5 Minuten pro Seite). Mit Weißwein oder Champagner ablöschen, frische Salbeiblätter zugeben. Währenddessen Spinat kurz blanchieren und mit etwas Muskatnuß, Butter und Salbei abschmecken. Die Lotte aus der Pfanne nehmen und auf den Spinat legen. Die Flüssigkeit mit Aioli-Sauce verrühren (nicht kochen!!) und über die Lotte geben.

Lotte in Safran

-eZ-

1 1/2 kg Lotte *etwas Butter* *2 große reife Tomaten* *250 g Rahm* *3 Knoblauchzehen* *2 dl Weißwein* *1 kl Glas Sherry* *2 Gemüsebrühwürfel* *2-4 Briefchen Safran* *(Fäden!)* *gemischter (bunter)* *Pfeffer*	Lotte häuten, in ca. 2 cm dicke Scheiben schneiden und kurz von beiden Seiten in Butter anbraten. Die Tomaten häuten und halbieren, das Fruchtfleisch in kleine Würfelchen schneiden und erstmal beiseite stellen. Rahm, gescheibelte Knoblauchzehen, Weißwein, Sherry und Gemüsebrühwürfel einkochen, nach ein paar Minuten die Lotte mitziehen lassen, Safran und Tomatenwürfelchen beigeben und mit gemischtem Pfeffer abschmecken. Hierzu paßt Blattspinat ganz wunderbar (kurz blanchieren, mit Muskat und Salbei, Salz und Pfeffer abschmecken). Wenn jetzt noch ein schöner Bianco di Custoza (bitte von der Cantina sociale di Custoza) oder ein frischer Sancerre, ein Pouilly fussèe oder ein grüner Veltliner die Lotte schwimmen läßt ...!

121

Rheingold, 2. Akt

Alberich war damals einer der großen Fischhändler im Rheinland. Vermutlich der größte. Fisch war ein gutes Geschäft. Was wunder: der Rhein stank nur so von Fisch, und der Export boomte. Alberich hatte durch konsequente Logistik bald alle Konkurrenten ausgehebelt und beherrschte europaweit den Markt. Die geniale Idee, die Alberich an die Spitze der vorzeitlichen „Verleihnixe" katapultierte, war die strikte Kostendämpfung im Personalbereich nach Ausnutzung natürlicher Gegebenheiten. Er hatte von Wotan, dem damaligen Regierungspräsidenten des Reg.Bez.Köln, die bis dahin völlig brachliegende Flußbiegung bei Wesseling zu einem Spottpreis zur wirtschaftlichen Nutzung zugesprochen bekommen, wofür er sich durch großzügige Kölsch-Spenden an das Dreigestirn erkenntlich zu zeigen hatte. Die Flußbiegung bei Wesseling als Lagerfläche für Frischfisch hatte Vorteile aufzuweisen, die sie allen anderen Gegenden weit überlegen machte. Der Fisch, der hier ankam, war in jedem Falle fertig! Flußaufwärts hatte er den Weg von Rotterdam bis Wesseling hinter sich, eine Strecke, die auch Nichtfischen das Wasser in die Augen getrieben hätte. Er hatte gerade Köln passiert und ruhte sich traditionellerweise bei Wesseling kurz aus, bevor er die anstrengende Reise durch das Rheintal bis Schaffhausen in Angriff nahm.

Flußabwärts hatte er die Flucht aus der Schweiz (dort ist übrigens der Platt-Fisch entstanden; was wunder, bei den Preisen!), den Sturz über die Schaffhausener Treppe und die lange Reise durch das Land der nasalen Vokale und Diphtonge (linksrheinisch: agnähm, rechtsrheinisch: oagnähm!) hinter sich, wobei ihm die Reise durch das weinselige Rheintal dann erstmal den Rest gab. Also ruhte er sich traditionellerweise bei Wesseling kurz aus, bevor er Köln in Richtung Matjesland zu passieren hatte. Alberich also brauchte im Grunde nur in Wesseling die Hand ins Wasser zu halten und schon hatte er einen fetten Salm in der Hand, dem vor Müdigkeit die Augen aus dem Hals quollen. Von den „oficinae oleariae Rheni" (den Rheinischen Olivin-Werken) lieh sich Alberich ein paar ausgediente

Spritfilter als Reusen, fertig war die Laube. Der müde Fisch war auch in Massen außerordentlich überschaubar zu halten, da er diese Zwangspause bei Wesseling als angenehm empfand, dachte er doch nicht daran, daß er von dort aus die lange Reise zum Einzelhandel in ganz Europa anzutreten hatte. In germanischen Füllhörnern, damit er länger frisch blieb, auch so eine Idee von Alberich, die ihm nie gedankt wurde.

Alberich also beschäftigte drei Frauen, echte Urfelderinnen, die unter der Leitung von Floßhilde (ein Name, den sie ihrem Aussehen zu verdanken hatte, das stark ins Hippopotamische 'rüberlappte) den ganzen Lagerbestand überwachten und in Schuß hielten. In kürzester Zeit hatte Alberich eine Kette aufgebaut, die ihn zu einem ernstzunehmenden Wirtschaftsfaktor machte, und das, bevor Wörter wie Monopol oder Kartell erfunden waren.

Wildlachs mit Stielmus oder Rauke

-f-

800-1000 g Wildlachs (in zwei Scheiben schneiden)	Lachs ca. 10 Minuten lang im auf 180° vorgeheizten Backofen garen.
2 Bund Stielmus oder Rucola (Rauke) (püriert)	Dann Stielmus oder Rucolamus, Gemüsefond und Fischfond zugeben, Crème fraîche unterrühren, Butter zugeben und würzen.
1/4 l Gemüsefond	
1/4 l Fischfond	Sherrytomaten in Viertel schneiden und damit garnieren.
0,1 l Crème fraîche	
30 g Butter	
Salz	
Pfeffer	
4 kleine Sherrytomaten	

Rheingold, Zwischenakt

Alberich also war ein reicher Mann. Reichtum zieht seit altersher die Mächtigen, die Schönen und die Dummen an. So nimmt es nicht wunder, daß sich das ganze Drama um Siegfried, Gunther & Giselher, Kriemhild, Etzel, Hagen von Tronje und den Schatz der Nibelungen (der ihnen übrigens nie gehören konnte, weil es sie nicht gab, aber einen Namen sollte das Epos haben, und so nannte man es kurzerhand das Nibelungenlied, genausogut hätte man das Ganze „Dreimal Null es Null" nennen können) in der Umgebung von Alberich abspielte.

Dorade in Salz

-eZ-

4-6 Doraden (Goldbrasse, Meerbrasse) *3-4 kg grobes Meersalz* *3-4 Eiweiß*	Salz mit dem Eiweiß vermengen (die Menge ist von der Größe des Fisches abhängig). Eine ofenfeste Form ca. 1 1/2 cm dick mit der Salzmasse auslegen. Die ausgenommene Dorade reinlegen und mit der restlichen Salzmenge bedecken. Ofen auf 250 Grad vorheizen. Dann die Dorade 50 Minuten backen lassen. Die Salzkruste aufstoßen und den gegarten Fisch servieren.

Rheingold, 3. Akt

Im Grunde ist die ganze Geschichte schnell erzählt. Gunther & Giselher, zwei burgundische Weinkönige, hatten die Absicht, Wein, der bis dahin eine untergeordnete Rolle spielte, durch die Koppelung an Fisch zu einem begehrten Markenartikel auszubauen. Dazu brauchte es natürlich PR-Ideen und ein gutes Marketing sowie einen Promi, der als Gallionsfigur herhalten sollte. Die PR-Idee war: Weinkönigin. Da war schnell jemand gefunden, denn mit Kriemhild, einer anerkannten Schönheit aus der Gegend von Chambertin, hatten die beiden eine Schwester an der Hand, die gut und vor allem kostenfrei einsetzbar war. Ein Promi war mit Etzel gefunden, einer tscherkessischen Saufnase, vor der damals alle Welt zitterte, weil er in seinem dunen Kopf durchaus in der Lage war, schon mal die eine oder andere Stadt dem Erdboden gleichzumachen, wenn er nach der Sperrstunde nichts mehr bekam. Als dieser hörte, daß er sein Leben lang frei Trinken hätte, wenn er sich mit Kriemhild ablichten ließe (in der Rechten einen Fisch und in der Linken ein Glas Wein), war er sofort mit allem einverstanden, was Gunther & Giselher von ihm verlangten.

Jetzt fehlte nur noch der letzte Kick: ein schöner junger Mann und eine Romanze à la Schiffer-Copperfield. Hagen, der Marketing-Chef, hatte die Idee mit den Butterfahrten zum Drachenfels. Gekoppelt mit der Game-Show „Wer schafft den Drachen?" hatten sie zum Ziel, einen schönen jungen Mann zu finden, der an der Seite Kriemhilds was hergab. Die Butterfahrten wurden ein Riesenerfolg (was sie bis heute geblieben sind, und der Wein, der dabei ausgeschenkt wird, ist auch nicht besser als das Gesöff von damals) und siehe da, der schöne junge Mann fand sich auch. Er hieß Siegfried, war aus Xanten am Niederrhein und auch sonst war nicht viel mit ihm los. Auch das hat sich bei den Heldentenören und Selbstdarstellern bis heute erhalten.

Kabeljau oder Rotbarsch in roter Sauce

-lsv-

Kabeljaufilets *Butter* Sauce: *1 große Tomate* *1 kleine rote* *Paprikaschote* *2 Schalotten* *einige Korianderblätter* *1/2 TL Curry* *1 Gemüsebrühwürfel* *1 dl Rotwein* *Salz, Pfeffer*	Fischfilets kurz in Butter dünsten. Auf dem Teller die Filets auf die Sauce legen und mit frischen Korianderblättern (oder einigen großen Petersilienblättern) dekorieren. *Sauce:* (kann schon am Vortag zubereitet werden!) Tomate häuten. Tomate, Paprika und Schalotten kleinschneiden. Schalotten in Butter glasig dünsten, Tomate und Paprika dazugeben. Mit Korianderblättern, Curry, Gemüsebrühwürfel, Rotwein abschmecken und 20 Minuten köcheln lassen. Dann alles mit einem Pürierstab mixen und mit Salz und Pfeffer abschmecken.

Rheingold, 4. Akt

So war alles bestens eingefädelt. Siegfried und Kriemhild wurden das Paar des Jahres, der Satz „paßt hervorragend zu Fisch und Krustentieren" war von den Etiketten auf den Flaschen nicht mehr wegzudenken und das Geschäft hätte blühen können, wenn nicht der niederrheinische Dummbart plötzlich die ganze PR-Kiste ernstgenommen hätte. Er verliebte sich in Kriemhild. Diese Liebe und die hoffnungslose Überschätzung der eigenen Fähigkeiten brachten ihn auf den Gedanken, das ganze Ding alleine durchziehen zu können. Kriemhild war auch nicht die Frau, die ihn davon hätte abbringen können, zumal sie zu dem Typ gehörte, der erst als Witwe seine wahre Erfüllung finden kann. So ging es seinen Weg. Siegfried kürzte die Lieferungen an Etzel, der, auf Entzug, drehte durch und brachte Gunther & Giselher auf die Idee, sich von Kriemhild und Siegfried zu trennen. Hagen, der Vollstrecker, erledigte diese Aufgabe in Profi-Manier. Womit sie alle aber nicht gerechnet hatten, war die Tatsache, daß Alberich inzwischen die Niederrhein-Connection ausgebaut hatte.

Dies aber stach dem Regierungspräsidenen Wotan arg ins Auge. Er befürchtete einen zu großen Machtzuwachs bei diesem Wesselinger Neureichen. Mit den legendären Worten: „Fische, Fische - der janze Daach unger Wasser, könnt ich nit!" entzog er Alberich die Konzession, Hagen schmiß die ganzen Werbegeschenke aus der Kampagne „Wer schafft den Drachen?" kurzerhand in den Rhein (und zwar in Königswinter, nicht davor und nicht dahinter ...!), Gunther & Giselher zogen sich nach Beaune zurück und verlegten sich auf's Schlagerkomponieren („C'est si beaune" war einer ihrer Hits) und Alberich baute aus dem Exil in Sibirien (Wotan: „Hinter Köln beginnt Sibirien"), genauer in Hagen, eine Handelskette auf, die unter leicht verändertem Namen heute noch existiert. So weit so gut. Das einzig wirklich Tragische an der ganzen Geschichte war, daß Alberich zuvor alle Reusen geöffnet hatte, dergestalt, daß die Fische ihre Freiheit in anderen Flüssen zu wahren versuchten und aus dem Rhein verschwanden. Außer einer Handvoll Miesmuscheln, die ihr Leben dadurch fristen, daß sie sich am Köln-Düsseldorfer festlutschen; auch nicht das, was man unter „La kölsche vita" verstehen könnte. Schad drum. Es sollte Jahrhunderte dauern, bis das erste Felchen sein Näschen in den Rhein stubste, um zu erkunden, ob et wieder jeiht. Erhalten hat sich dagegen die Kombination von Fisch und Wein. Und das ist ein Nibelungenlied wohl wert, oder?

Austern

-f-

24 gewölbte Austern	Die gewölbten Austern öffnen (viel Glück!).
0,2 l Sahne	Das Muschelfleisch von 12 Austern (mit Flüssigkeit!) in einen
200 g Spinat	Topf geben und mit der Sahne zum Kochen bringen.
Salz	5 Minuten sanft köcheln lassen.
Cayenne-Pfeffer	Nun das alles im Mixer grob pürieren und mit Salz und Pfeffer
Butter	abschmecken.
12 Seeteufel-Medaillons	Den Spinat blanchieren, etwas Butter zugeben und mit Eiswasser
4 flache Austern	abschrecken. Gleichzeitig die Seeteufel-Medaillons von beiden
	Seiten kurz anbraten.
	Jetzt den Spinat auf die Teller geben, pürierte Muschelfleisch-
	sauce, je drei Seeteufelmedaillons und je drei Austern drauf.
	Eventuell mit Sherrytomaten garnieren.

Jakobsmuscheln

-f-

500 g frische Kokwill *60 g Schalotten* *etwas Rahm* *etwas Nouilly Prat* *0,3 l Champagner* *1 Gemüsebrühwürfel* *2 Briefchen Safran* *Zucchini-, Gurken- oder* *Juliennestreifen* *schwarzer und roter Pfeffer* *ein paar Blätter Kerbel*	Das ist auch so eines der Gerichte, von denen man nie weiß, wie man sie richtig schreibt. Hier die richtige, rheinische, Schreibweise: *Kokwill Zängdschack* Die Muscheln beidseitig etwa eine Minute anbraten, mit Salz und Pfeffer abschmecken und aus der Pfanne nehmen. In der gleichen Pfanne Schalotten in Butter andünsten, den Champagner zugeben. 1 Gemüsebrühwürfel, Safran, Nouilly Prat, Pfeffer, Kerbel, etwas Rahm und die Zucchinistreifchen etwas einkochen lassen. Die Muscheln noch 1 Minute zugeben und servieren.

Geflügel

Entenzölibat

Not macht erfinderisch, Entzug schafft Wahnvorstellungen (ich sage nur: Fata Morgana oder der Düsseldorfer Rosenmontagszug im Juni), Einsamkeit erzeugt Gruppensex (die „menage à trois" des Solipsisten: „So nimm denn meine Hände") und „das Auge ißt mit". Das sind klassische Erkenntnisse oder Weisheiten, die auch Köbes II., Abt des Klosters Michaelsberg in Siegburg, bekannt waren, als er nachts durch die Flure seiner Abtei ging und seine Confratres beim nächtlichen „fiat voluptas tua" stöhnen hörte.

Er spürte: hier muß sofort Abhilfe geschaffen werden.

Er wußte: amor ventrem transit - die Liebe geht durch den Magen. Er hörte: nächtliches Entengebalze im Klostergärtlein. Er ging ins Johannistürmchen, um dort den filigranen Verästelungen dieser subtilsten aller sexuellen Regungen nachhorchen zu können, dem Johannistrieb. Und tatsächlich hatte er eine Erleuchtung. Schon am nächsten Morgen gab er Bruder Canaris, dem Entenhüter, die Anweisung, zwei Dutzend Enten (nicht Erpel) zu schlachten und die sorgfältig ausgebeinten Brüste (48 Stück) Frater Mammarius in die Küche zu bringen. Nach der 3. Meser - Köbes II. war da schon aufgeräumtester Stimmung, was sicher am dreimalig und ausgiebig genossenen Sylvaner lag, der der Abtei aus Neustift bei Brixen als Meßwein geliefert wurde - betrat der Abt den geheiligten Bereich Fratris Mammarii, um mit ihm den nächtlichen Einfall aus dem Johannistürmchen kulinarisch umzusetzen. „Zuierscht, leven Mammarius, müsse mer die Entetitte vun dr Sündelaß befreie." „Jo, leven Abt, könne och Ente sündije?" fragte unschuldsvoll der Bruder Koch. „Dat nit, Du Hämchepapst, ewwer die Lück, wat dat esse, könnte op sündije Jedanke kumme", entgegnete der Abt. Also legte man die Enten in eine Marinade, auf daß die Sünden in der Säuerung bleiben sollten. „Wie ich ming Brödere kenne, müsse mr dat Zeuch jot eine Daach lang säuere", befand Abt Köbes II. und verließ mit einem knappen „In diesem Sinne, weiß Bescheid, maach et jot, bes die Tage" die Küche. Am nächsten Vormittag - wieder hatte der gottesfürchtige Abt drei Messen hinter sich - überlegten die beiden, was sie nun mit den bleichen, kaum noch als Brüste erkennbaren Ententeilen anfangen sollten. „Ich dät et paneere", schlug Bruder Koch vor. „Um Jottes Wille, bes Du dann jeck? Mir han he em Kloster mindstens elf Gallenfälle, drei Zuckerkranke un dr Reß es et Hartleber jeschlage, also paneere wör ze fett, dat jeiht nit. Lommer dat janze Spill Deel für Deel anbrode, dann en dr Ovve däue und feedich es dr Fall" gab der heilige Mann zu bedenken. „Jot", bestätigte Frater Mammarius, „ewwer dann don mr am Engk noch ei paar Appelsincher drövver, dat han ich beim Franzuse jesin und dat schmeck echt lecker". „In Ordnung", befand Köbes II., "un am Engk kütt ei Kleinigkeit vun dr Sündensäuernis, dem Marinädche, dodrövver, weil: e bißje Sünd schad nix un dann krieje uns Brödere die nächtlichen Anfechtungen ussem Balg!"

Und so war es auch. Die Brüder aßen wie die Scheunendrescher das neuartige Gericht in sich hinein, schwelgten in harmlosen, leicht sexuell eingefärbten Andeutungen (so konnte es Pater Anno, allgemein „Bruder Lustig" genannt, das Nesthäkchen der Abtei, der gut und gerne 120 kg Lebendgewicht auf die ewige Waagschale werfen konnte, nicht lassen, mit den Fingern in seine Wangen zu zwicken und diese dann auseinanderzuziehen und zusammenschnellen zu lassen, in schneller Abfolge, was eine täuschend echte Imitation des Entenstuhlganges darstellte; Pater Placidus hingegen stellte sich auf einen Stuhl, hob die Ellenbogen an und sang wie wahnsinnig ein hämmerndes „ratatatatatatam, ratatatatata-tam, ratatatatatatam Meck Meck Meck Meck" vor sich hin, eine Improvisation, die er sofort als „Ententanz" in sein Werkverzeichnis eintrug und dergleichen Späße mehr), sie ließen es sich also gut sein. Abt Köbes II. sah zufrieden, wie ein harmloses Gericht, wenn man nur die richtigen Körperteile verwendet, in der Lage war, die Sünden in eine kulinarisch-ornithophile Richtung zu lenken und war's auch zufrieden. Ein sattes „Na also, et jeiht, wenn mr wirklich will", entrang sich seiner Brust und er beeilte sich, das Rezept als a) köstlich und b) erleichternd, was die seelische Seite anbelangt, in einem Rundbrief seinen Kollegen in anderen Abteien mitzuteilen.

Marinierte Entenbrustfilets

-f-

Für 12 Portionen:
6 Entenbrustfilets
1/2 l trockener Weißwein
5 Nelken
1 TL gemischte
Pfefferkörner
6 kleine Schalotten
1 Bund frische
Korianderblätter (gibt es
im Blumentöpfchen)
Honig
3 Orangen
Filets von 3 Orangen
Saft von 4 Orangen
1 Briefchen Safran
70 g eiskalte
Butterstückchen

Aus Wein, Nelken, Pfeffer, Schalotten, Korianderblättern und etwas Honig eine Marinade machen.

Den Saft der 3 Orangen zufügen. Schale einer unbehandelten Orange reiben, reintun und das Ganze zum Kochen bringen. Auf die Hälfte einkochen lassen.

In der Zwischenzeit die Hautseite der Entenbrustfilets gitterförmig einschneiden.

Nun die Marinade über die Filets geben (z.B. in einem großen Gefrierbeutel) und gut verschlossen eine Nacht und einen Tag lang in den Kühlschrank stellen.

Die Filets kurz in der Pfanne anbraten, dann mit der Hautseite nach oben in den Ofen schieben und ca. 7 Minuten lang grillen. Warmhalten.

Währenddessen Orangenfilets von 3 Orangen bereitstellen (sagt sich so leicht, gell: also, da muß man die Orangen schälen und das Fruchtfleisch mit einem spitzen Messer zwischen den Trennhäuten herausholen. Ich würde mal sagen: ungeübt sind das 10 Minuten, geübt gerade mal eine...!).

Die Sauce aus der durchgesiebten Marinade (Schalotten vorher rausnehmen) und den Saft von 4 Orangen zum Bratensaft geben.

Safran und die Butterstückchen dazugeben und unterziehen.

Filets rein, mit den Orangenfilets drapieren, fertig.

Stubenküken

-f-

4 Stubenküken *etwas Butter* *4 Schalotten* *je 1 Stück Sellerie, Möhre* *und Porree* *2 Lorbeerblätter* *4 Rosmarinzweige* *4 Salbeizweige* *2 EL schwarze* *Pfefferkörner* *0,4 l Kalbsfond* *0,4 l Weißwein* *1/2 l Schlagsahne* *1 gr. Bund großblättrige* *Petersilie* *1 Schuß Nouilly Prat*	Stubenküken in Butter von allen Seiten anbraten und dann erstmal wegstellen. Schalotten, Sellerie, Möhren und Porree würfeln, mit den Lorbeerblättern, dem Rosmarin, den Salbeizweigen und den Pfefferkörnern in einen Topf geben und glasig dünsten. Die Küken tranchieren, Brust und Schenkel beiseite legen. Rücken und Flügel in den Topf geben, mit Kalbsfond, Weißwein und Schlagsahne ca. 1/2 Stunde einkochen. Dann alles durch ein Sieb geben (die Zutaten gut auspressen!). Die Sauce wieder in den Topf geben, die Kükenteile mit der Haut nach oben reinlegen und das Ganze zugedeckt für ca. 20 Minuten schmoren lassen. Zum Schluß die Petersilie zufügen und alles mit einem (mehr oder weniger kräftigen) Schuß Nouilly Prat abrunden. Dazu passen Gnocchi, leicht mit Gorgonzola gewürzt oder kleine Rosmarinkartoffeln.

Der Viersener Siedepunkt

Wir sind gewohnt, in der Küche zu kochen. Da sind Schränke, Schubladen, Schütten, Gefäße, mit einem Wort: da ist Platz. Das war natürlich nicht immer so. In der Geschichte der Menschheit spielt das Bestreben, auf kleinstem Raum zu kochen, eine große Rolle. Das war des Tartaren, unter dem das Filet mürbe geritten wurde (das muß man sich übrigens mal vorstellen: da ritt der Tatare aus der inneren Mongolei bis nach Köln, gut fünf Jahre war er dafür unterwegs, in der linken Hand die Zügel, in der rechten Hand das Tablett, auf dem das täglich zugerittene Tatar aufgehäuft war, und dieses Zeug wurde dann in den rheinischen Kneipen angeboten, buäh!), oder der Mund der rheinischen Hausfrau, die Hopfen, Gerste und Malz so lange kaute, bis Kölsch draus wurde (deshalb heißt das obergärig, während das untergärige Pils mit den Füßen gestampft wurde). Kurz: die mobile Küche auf kleinstem Raum begleitete mehr oder minder erfolgreich das kulinarische Erwachen der Menschheit.

Dann wurde in Viersen die erste Friteuse aufgestellt. Die Welt hielt den Atem an. Darauf war man bis dahin noch nicht gekommen: eine Kuhle mit siedendem Öl und ein kleiner Weidenkorb, das war alles, was man brauchte, um die leckersten Sachen kochen zu können. Der Erfinder dieser ebenso simplen wie geschmackvollen Gar-Art war weder Belgier noch Niederländer, er war gebürtiger Viersener, Urahn des heute in Köln als Regierungspräsident tätigen Franz-Josef Antwerpes, des Meisters des kalten Fritierverfahrens, das so manchem großspurigen städtischen Kämmerer die Garzeit verkürzt hat. Nun wirft sich die Frage auf: warum ausgerechnet Viersen? Der Niederrhein ist als solcher ja nicht gerade durch technische Begabung aufgefallen. Nun, das hat geophysikalische Gründe. Der Niederrhein ist ja, wie man weiß, zu Beginn der Evolution geographisch und geistig tiefer gelegt

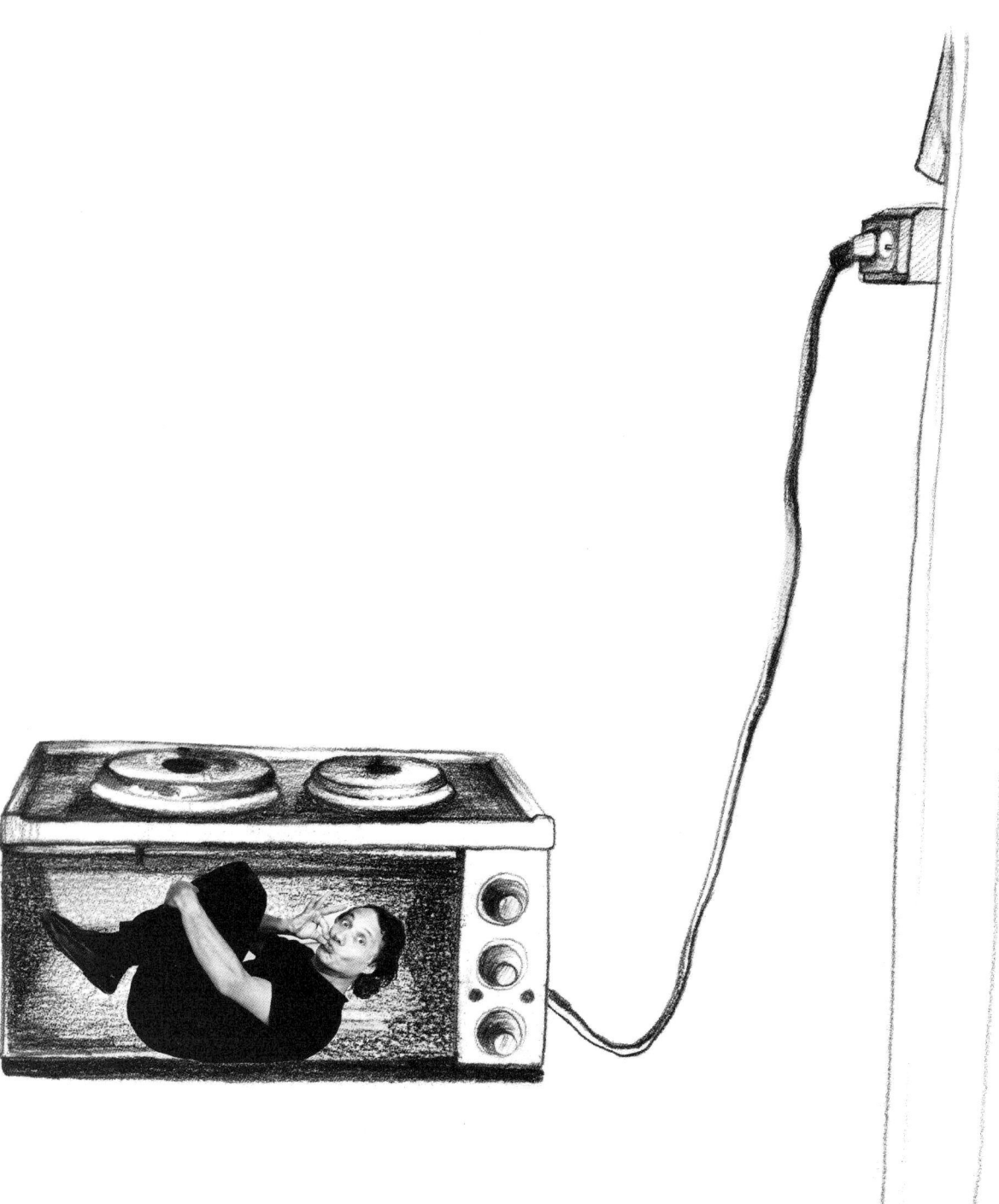

worden. Ursprünglich sollte er Auffangbecken des Rheins werden und damit das Trinkwasserreservoir für Düsseldorf, Köln und Bonn darstellen.

Dieser Plan wurde aber wieder verworfen, nachdem aus Köln als erste Stellungnahme zu hören war: „Wie: Wasser? Sin mir Fische?" Also leitete man den Rhein weiter, damit er als Lek und Wal (was mit Lech Walensa nun wirklich gar nichts zu tun hat) hinter Rotterdam in die Nordsee münden konnte. Diese Tieferlegung hatte aber Folgen. Zum Beispiel die, daß der Siedepunkt des Wassers und überhaupt aller Flüssigkeiten wesentlich tiefer liegt als anderswo. Am tiefsten in Viersen, wo er bei ca. 20 Grad angesiedelt ist (was die Hitzköpfigkeit des in Viersen geborenen Kölner Regierungspräsidenten Franz-Josef Antwerpes erklärt ...). Der Erfinder der Friteuse hat also im Grunde nichts anderes getan, als die Natur zu beobachten und daraus Schlußfolgerungen zu ziehen, für einen Niederrheiner eine erstaunliche Leistung. Er sah, daß im Sommer das Wasser schneller kochte als im Winter. Er probierte, ob das auch bei anderen Flüssigkeiten so ist. Er grub kleine Kuhlen, steckte den Finger 'erein, um die Flüssigkeiten zu erhitzen und siehe da: als er ihn ins Öl steckte, war er nach zwei Minuten gar. Die Freude war groß und so trat die Friteuse (Weidenkörbchen und Ölwanne) ihren Siegeszug an. Natürlich wurde erstmal alles, was man überhaupt essen konnte, fritiert. So auch das Hähnchen. Und eines muß man dem Niederrheiner lassen: was er tut, tut er gründlich. Er fritierte Hähnchen ohne Haut, mit Haut, mit Haut und Federn und mit Panade. Und diese Art eroberte sofort die Herzen der Menschen. Als die Herzogin von Cleve, viel, viel später, König Heinrich VIII. heiratete, war eine ihrer Hochzeitsgaben eine Friteuse und das Rezept für gebackene, fritierte Hähnchen. Dieses Geschenk stieß aber bei ihrem Gemahl auf wenig Gegenliebe, weil ihn die geköpften Hähnchen fatal an bestimmte Ereignisse seines frauenreichen Lebens erinnerten. Er schenkte Rezept und Friteuse anläßlich eines seiner vielen Staatsbesuche weiter. So gelangte diese niederrheinische Erfindung schließlich nach Wien, um von dort als Backhendl garniert mit Zitronenscheiben seinen Siegeszug um die Welt anzutreten. Wienerwald und Kentucky fried chicken (besser bekannt als: Kentucky schreit: Ficken!) sind heute noch beredte Zeugen niederrheinischer Kreativität.

Backhendl

-eZ-

1 Huhn *Mehl* *Eigelb* *Semmelbrösel* *1/2 Pfund Butter* *Zitronenscheiben* *Petersilie*	Huhn in acht Teile zerlegen (je zwei Teile Schenkel, zwei Teile Brust, zwei Teile Rücken). Die Teile ringsherum mehlen, salzen, in Eigelb wälzen und schließlich in den Semmelbröseln gut panieren. Apropos Semmelbrösel: Zwiebackbrösel, die man leicht in der Küchenmaschine mit dem Cutter herstellen kann, sind auch sehr lecker. Die Butter in einer hohen Pfanne stark erhitzen und die Hühnerteile durch einmaliges Wenden goldbraun fritieren. Mit zwei Zitronenscheiben garnieren. In Butter und Petersilie gewälzte Kartoffeln passen dazu. Und natürlich: Salat.

Fleisch

Some like it hot

Daß der Mensch immer schon Fleischfresser gewesen sein soll, ist eines jener Märchen, die sich um so hartnäckiger halten, je weniger sie mit der Wirklichkeit zu tun haben. Das Problem, durch Nahrungsaufnahme den Körper am Leben zu erhalten, wurde áuf vielerlei Weise zu lösen versucht. Unsere heutige Vielfalt ist der Endpunkt dieser Entwicklung.

Es begann mit den rein vegetarischen Überlebensversuchen im Paradies, die allerdings zu der sattsam bekannten Katastrophe führten, weil am Baum der Erkenntnis leider keine Rezepte, sondern nur Äpfel hingen.

Dann versuchte es der Mensch mit seinesgleichen. Die Vorstöße von Kain und Abraham in diese Richtung wurden aber vom Chefkoch persönlich abgewürgt. Besser so. Aus dieser Zeit stammt übrigens der Ausdruck: jemanden vernaschen. Aber das nur nebenbei.

Nun verlegte man sich auf Pilze und Beeren. Das war aber ein opferreicher Weg. Wie viele Pilzsammler mußten sterben, bis man wußte, daß man den Knollenblätterpilz nur gezielt einsetzen solle! Wie vielen Beerensammlern gingen die Augen über, bis man wußte, daß die Tollkirsche in der Hand des Ophtalmologen besser aufgehoben ist!

Dann versuchte man es mit den Kohlehydraten. War auf die Dauer auch nicht das Gelbe vom Ei. Der Mensch spürte: hier fehlt einfach noch der Kick.

Und wieder war es das Rheinland, das der Menschheit die Erfüllung brachte. Schlüsselfigur war das rheinische Schwarzrind. Man nutzte es jahrtausendelang lediglich als billigen Brennstofflieferanten (Gras erein, Fladen raus, trocknen un en dr Oven domet) und als Milchspender (allerdings mit Varianten: leicht schütteln gab Yoghurt, mehr schütteln gab Quark und eine Nacht lang schütteln Butter, die aber nur Experten aus dem Euter melken konnten). Bis man der Frage nachging: „Wat es dann

FEUER-
LÖSCHER

eijentlich, wenn man esu ei Dier als Janzer en et Füür (Feuer) schmieß?" Und siehe da, der „Ooß om Spieß" (Ochs am Spieß) war geboren, das klassische Schützenfestessen.

Von da war es ein kurzer Weg zur Ausweitung des Speisezettels. Man trieb Lämmer über die Salzstraße, um sie als „presalé" teuer verkaufen zu können. Man ließ Schweine Schlittschuh laufen, um sie als Eisbein zu genießen. Ein Wuppertaler, Karl Lagerfeld, schickte junge, rehäugige Kühe auf den Laufsteg, um mit ihnen als boeuf à la „mode" sein Geld zu verdienen. Kurzum: der Kreativität war mit einem Male keine Grenze gesetzt. Schmerzlich, daß dem Rheinländer heute keiner mehr diese Bereicherung dankt. Ja, daß sogar Stimmen laut werden, die ihm Hämchen und Flöns madig machen wollen. Hier gilt es, neue Koalitionen mit anderen Fleischessern (und wenn es Bayern sind) in diesem Krieg gegen die Steiner'schen Makrobioten zu finden. Wat heißt dann he Hätzverfettung? Wohin das mit der vegetarischen Ernährung führt, sieht man ja an der Kuh! Ich weiß nicht, wieviel Millionen Tonnen als Methangas die vegetarische Kuh verlassen, es ist aber soviel, daß dagegen die Luftverschmutzung durch Autos ein Klacks ist.

Außerdem ist es gefährlich wie sonst was. Denkt doch bitte an die Geschichte vom holländischen Tierarzt (jeder Arzt für Großtiere kann ähnliches berichten). Beim Bauern Dingenskirchen stand vor ein paar Jahren eine Kuh im Stall, die sich an feuchtem Gras (klar, Holland ...) überfressen hatte. Das Tier blähte sich auf, immer weiter, fürchterlich war sein Gebrüll in der Nacht, keine Sau konnte ein Auge zutun. Jeder, der schon mal für zehn Bons Erbsensuppe gegessen hat, weiß, wovon ich rede. Kurz und gut: man holte den Tierarzt. Der stellte sich hinter die Kuh, um zu prüfen, welches Gas das arme Tier derart plagte. Wie prüft man das? Man hält ein Feuerzeug hinter die Kuh und macht es an. Brennt die Flatulenz, isses Methan, brennt sie nicht, isses Normalgemisch. Es kam, wie Sie als gewiefte Leserschaft sicher schon ahnen, wie es kommen mußte. Die Kuh ließ hinter sich, die Flatulenz strich über das Feuerzeug und flambierte als drei Meter lange Stichflamme den Tierarzt, den Stall und das ganze Gehöft. Der Schaden ging in die Millionen. Das muß doch nicht sein. Wenn es nach mir ginge, müßte jeder dieser Steiner'schen Radikalvegetarier mit einem Minimax-Feuerlöscher auf dem Rücken herumlaufen. Wollt Ihr das wirklich haben? Na also!

Rinderschmorbraten

-eZ-

2 x ca. 1,2 kg schwere Rindsstücke aus der Kugel
1/4 TL Nelkenpfeffer
1/4 TL Zimt
1/4 TL Piment
1/4 TL Muskatnuß
130 g getr. Steinpilze (eingeweicht)
150 g Pancetta oder Südtiroler Speck
4 Lauchzwiebel
2-3 Knoblauchzehen (kleingehackt)
1 Flasche jode Weißwein
etwas Tomatenmark
etwas Rahm

Das Fleisch einschneiden. Pfeffer, Zimt, Piment, Muskatnuß mischen, den Speck in Streifen schneiden, darin wenden und in das eingeschnittene Fleisch legen.

Dann das Fleisch von allen Seiten in Olivenöl kräftig anbraten. Zwiebel, Knoblauch, Pilze und Einweichflüssigkeit dazugeben, mit dem Weißwein löschen (vielleicht nehmen Sie doch lieber einen minderer Qualität, sonst bleibt für die Pfanne nichts mehr übrig), mit Tomatenmark und Rahm abschmecken und schmoren lassen.

Wann es fertig ist, bestimmen Sie (es soll ja Menschen geben, die auch einen Schmorbraten „al dente" essen möchten!).

Raus, rein - fertig ist die Laube!

Waren Sie mal im Sacher in Wien? Oder im Schloß Aigen in Salzburg? Haben Sie da die Spezialitäten des Hauses genossen: Rindfleisch in jeder Form? Ja? Dann brauchen Sie jetzt nicht mehr weiter zu lesen, denn Sie wissen, worüber ich berichte: über das, was danach passiert.

Da sitzt dann die feine Gesellschaft nach dem Essen noch locker beisammen, man plaudert, aber keiner hört dem anderen richtig zu, weil jeder nur noch ein Problem hat: wie bekomme ich Fleischfasern aus meinen Zahnlücken wieder raus? Jetzt Augen auf und einfach nur schauen, was passiert.

Da gibt es die Toilettengänger: mit verzerrtem Gesicht stehen sie auf und verschwinden in Richtung Diskretion. Dort aber stehen sie in Viererreihen vor dem Spiegel, puhlen mt beiden Händen im weit aufgerissenen Mund herum, spucken oder schmieren die Reste an die Wand und benehmen sich überhaupt sehr mittelalterlich. Aber das weiß man ja: nirgends benimmt sich die feine Gesellschaft rülpsender als „op Tö". Nach dieser Erleichterung kehrt der Toilettenjünger als Sieger an den Tisch zurück. Er weiß: das, worunter die noch leiden, hat er hinter sich. Nicht ohne Infamie vestrickt er sie nun in besonders anregende Gespräche, um sich an ihren Qualen weiden zu können.

Dann gibt es die Vorsorglichen: sie verfügen über einen privaten Stocherkiel im Silberetui. Feinste Gans, zugespitzt, mit Silberfassung von Cartier (der Brite gibt Bambus den Vorzug, um zu suggerieren, er habe aus der Kolonialzeit sich immerhin noch ein Tigergebiß gerettet). So gestylt darf gestochert werden. Elegant führen sie das Gerät zwischen die geschlossenen Lippen, ein kurzes „Zuzeln", fertig ist der Fall. Hier gehen Luxus, Design und Notwendigkeit eine kokett-dezente Verbindung ein.

Die Fingerlinge sind ebenfalls eine Gruppe für sich: mit dem Zeigefinger oder dem kleinen Finger (es soll Gourmets geben, die nur deshalb den Nagel am kleinen Finger lang tragen) wird gepuhlt, gestochert, gebohrt und geschabt, daß es eine Freude ist.

Herrlich die Beidhänder: mit der rechten Hand puhlen sie, was das Zeug hält, mit der linken versuchen sie, die Mundöffnung zu verdecken. Wie verzweifelt die Augen über den Rand der linken Hand schauen! Wie unterschiedlich Zäpfchen gebaut sein können! Filmreife Klein-Dramulette, eines Buñuel würdig.

Und es gibt die Biederen: sie verlangen nach einem Zahnstocher und beweisen damit, daß sie nur zufällig in einen dieser Rindfleischtempel geraten sein können. Nachsichtig bringt man ihnen das Verlangte und die Rechnung gleich mit.

Wie angenehm ist das Leben des Gebißträgers! Er ißt, was er kann, verschwindet dann im Klo, wartet dort einen unbeobachteten Augenblick ab und schwupp! Zähne raus, unters Wasser gehalten und schwupp! Zähne rein, fertig ist die Laube. Das ist Fortschritt und Eleganz. Das ist die Überlegenheit des Alters und der Erfahrung. Das ist Freiheit! Und das ist der Grund, warum insbesondere der ältere Mensch immer mehr zum Rindfleischkenner wird.

Entrecôte

-eZ-

2 Zwischenrippenstücke *vom Rind à 600 g* *Butter* *120 g Schalotten* *etwas Mehl* *1 gute Flasche Burgunder* *2 kleine* *Rote-Bete-Rübchen* *großblättrige Petersilie*	Das Fleisch bei Zimmertemperatur salzen und pfeffern, in Butter 7-8 Minuten auf beiden Seiten anbraten. Rausnehmen, auf die Schüssel legen, auf der es angerichtet wird und diese bei 50 Grad im Ofen warmhalten. Die Schalotten in der Pfanne von eben glasig dünsten, evtl. mit etwas Mehl bestäuben, mit dem Burgunder löschen und das Ganze zusammen mit der roten Bete lange einköcheln lassen. Wer es üppiger haben möchte, kann gegen Ende auch noch etwas Crème fraîche zugeben. In jedem Fall aber gehört am Ende der berühmte Stich Butter dazu. Die rote Bete verstärkt den dunkelroten Ton der Sauce. Zum Schluß großzügig Petersilie hinzufügen, diese Sauce über das Entrecôte geben und servieren. Dazu paßt am besten: Baguettes und derselbe Burgunder, der in der Sauce ist.

Löffelbraten

-eZ-

1200 g Rinderschmor-
braten (Nuß oder Keule)
2 große Gemüsezwiebeln
(oder 4 rote Zwiebeln)
80 g Butter
3/4 dl (= 0,075 l) Aceto
balsamico
0,2 l Rindsbrühe
0,25 l Sahne
Salz
Pfeffer

Schmorbraten und Zwiebeln in der Butter kräftig anbraten, mit Aceto löschen und verdampfen lassen (den Aceto, nicht die Keule, das dauerte denn doch zu lang).
Rindsbrühe und Sahne dazugeben und mindestens 2 1/2 Stunden köcheln lassen. Salzen und pfeffern.
Der Braten muß so weich sein, daß man ihn löffeln kann (man könnte auch Löffler-Fleisch nehmen, nur: woher?!).
Mit der Sauce - nach Geschmack: auch mit den Zwiebeln - servieren.

Ergänzungen:
- Kartoffelpürree zum mitlöffeln.
- Steinpilze (frisch oder getrocknet): in Butter anbraten, Einweichflüssigkeit dazu, 1 Gemüsebrühwürfel, mit Marsala, Crème fraîche, Salz und Pfeffer abschmecken.
- Möhren in Marsala.

Rheinische Rindsrouladen

-eZ-

4 Rindsrouladen (ca. 750 g insgesamt)
150 g geriebener Parmesan
4-8 große Scheiben Parmaschinken
4 Gewürzgurken (geviertelt und entkernt) (kann man auch weglassen)
4 Karotten (zerkleinert)
kleines Stück Sellerie
etwas Porree oder 1 Zwiebel
viel Salbei (zerhackt)
100 g Speck
3 EL Cognac
2 Gläser Rotwein (weißer geht auch)
1 kleine Dose Tomatenmark
3 Fleischtomaten
2 Pilz- oder Gemüsebrühwürfel

Parmesan auf die Rindsrouladen streuen, Parmaschinken und Gewürzgurken drauf legen und zusammenrollen.
Speck in Butter glasig dünsten, Rouladen zugeben und anbraten, dann Rouladen herausnehmen. Das Gemüse zum Speck geben und mit dem Cognac löschen. Wein dazu geben, Tomatenmark, Tomaten und Brühwürfel hinzufügen, Rouladen reinlegen und alles 1 Stunde schmoren lassen.
Mit Butter abschmecken.

Sauerbraten

-lsv-

2 kg Rindfleisch

Beize:
2 l Weißwein (oder Rotwein)
0,1 l Aceto balsamico
0,1 l Himbeeressig
3 Knoblauchzehen, (eingeschnitten)
3 TL Pfefferkörner (grob gemahlen)
1 TL Thymian
1 TL Rosmarin
6 Lorbeerblätter
1 Petersilienwurzel (ersatzweise Sellerie)
10 Pimentkörner
3 Zwiebeln

Dies ist eine von ca. 2036 Varianten.

Alle Zutaten der Beize zum Siedepunkt bringen, auskühlen lassen und dann über das Fleisch geben. Mindestens vier Tage in der Beize kühl lagern.
Oder:
„Schnellbeize": die Beize siedend heiß über das Fleisch gießen und nur zwei Tage lagern.

Die Beize gut durchseihen. Fleisch von allen Seiten anbraten, mit der durchgeseihten Beize löschen und 2 1/2 bis 3 Stunden köcheln lassen.

Und jetzt scheiden sich die rheinischen Geister über der Frage: wie ist der Braten zu würzen?

Variationen:
a) 1 EL Zuckerrübensirup mit jeweils einer Messerspitze Kardamom, Nelkenpfeffer, Koriander und Piment mischen und ganz am Schluß beifügen.
b) eine Honigprinte mitkochen lassen.
c) Lebkuchen mitköcheln lassen.
d) Honigkuchen mitköcheln lassen.
e) Pumpernickel mitköcheln lassen.
f) Schwarzbrot mitköcheln lassen.
g) Apfelkraut.
h) ...

Ach, Sauerbraten!

Ach, Sauerbraten! Klassisches rheinisches Sonntagsgericht, Begleiter der rheinischen Einsamkeit! Wie das? Nun: ein Kinderleben lang hat es sonntags Sauerbraten gegeben. Ein Sonntag ohne ihn war kein Sonntag. Schon am Vormittag duftete die ganze Wohnung nach der leicht säuerlichen Marinade. Dann kam der Duft von Rotkohl dazu und der Dampf des Wassers, in dem die Klöße garten. Herrlich! Die Familie versammelte sich um den Sauerbraten, und es war gut so. Kinder werden aber älter, ziehen aus, gehen in fremde Städte oder heiraten. Soll es darum keinen Sauerbraten mehr geben? Sonntag für Sonntag kocht Mutti weiterhin den Sauerbraten. Vielleicht kommt eines der Kinder vorbei? Und wenn nicht: der Sauerbraten gibt ihr das Gefühl, daß sie alle noch da sind. Nirgends wird soviel Sauerbraten gekocht wie in rheinischen Altersheimen. Da stehen dann die Omis allein vor dem Herd, ein kleiner, kärglicher Sauerbraten schmurgelt in der Pfanne, eigentlich haben sie ihn nie gemocht, und Arbeit macht er auch viel zu viel, und wo bekommt man heute noch Pferdefleisch, aus dem er sein sollte, aber sie lassen ihn schmoren, warten bis er durch ist, setzen sich an den Tisch und essen. Heute essen sie nicht direkt aus der Pfanne wie wochentags. Heute wird richtig aufgetragen, als wären alle noch da.

Von Mitessern und anderen Innereien

Nun muß ich leider auch ein Kapitel aufschlagen, das so unrheinisch ist wie nur irgendwas: Innereien. Der Rheinländer haßt Innereien. Er hat sie immer schon gehaßt, und er wird sich nie mit ihnen anfreunden können. All die Leckereien der österreichischen Küche: Bries, Niernderln, Beuschl, Lüngerl, Herz, Krampfadern (vom noch säugenden Lämmchen, gefüllt mit vorsichtig eingeführtem Rosmarin), Milz, Leber (am besten: Leber in grünem Veltliner, kurz vor dem delirium tremens entnommen), Hirn (aber keines aus Alzheim, man vergißt zu schnell, wie es geschmeckt hat), dies alles und noch viel mehr geht dem Rheinländer am Arsch vorbei. Das ist für ihn Arme-Leute-Küche. Mag das essen, wer nichts anderes hat, dem Rheinländer ist das zu iggelig. Dat janze feuchte Jedöns, wat do in esu einem Dierkörper erömwabbelt, esse? Niemals! Er hat Schamgefühl und ist großzügig. Wenn wer was ißt, soll dä Hungk (Hund) och jet von han (haben), un wenn et et Nierche es. Im Grunde genommen kommt dies daher, daß der Rheinländer amfürsich der klassische „Drumherumesser" ist. Er geht den Dingen weniger auf den Grund, als daß er ihnen „bei"zukommen versucht. Er ist nie mittendrin. Ein Bein hat er immer draußen. Man weiß et jo nit un em Zweifelsfall bin ich esu schnell wiede fott, wenn jet es! Vor allem beim Essen hat sich der Rheinländer diesen Urinstinkt bewahrt, sich immer einen Fluchtweg offen zu halten. Beobachten Sie ihn mal im Ausland, sagen wir mal: Spanien. Wie ein scheues Reh beäugt er, was er da auf dem Teller hat. Vorsichtig stochert er mit der Gabel drin rum und beobachtet die Mitesser. Erst wenn sie alle am Leben bleiben, versucht er den ersten Bissen. Immer bereit, ihn sofort wieder auszuspucken, falls ihm daran auch nur das Geringste komisch vorkommen sollte. So hat er durch die Jahrtausende hindurch überlebt. Im Rheinland ist kein Pilzsammler an unbekannten Objekten verstorben. Diese Erfahrungen hat er klugerweise andere machen lassen. Und weil man bei Innereien ja nie wissen kann, was das Tier gegessen, gedacht oder sonst mit seinen Organen angestellt hat, läßt er lieber die Finger „von". Möge dieses Rezept (für den Rheinländer muß ich „dabei" sagen: Ich hab et jejessen, un ich levve noch!) den rheinischen Menschen davon überzeugen, daß man auch dat, wat im Körper ist, essen kann!

Kalbsbries

500 g Kalbsbries
3 Schalotten
1 Knollensellerie
1-2 Karotten
etwas Mehl
0,05 l Marsala
3 EL Weißwein
0,15 l Fleischbrühe
1 Cornichon
ein paar Pilze (Steinpilze)

Das Bries ca. 2 Stunden lang in kaltem Wasser einlegen, die sehnigen und evtl. verfärbten Stellen wegschneiden, in kaltem Wasser und 4 EL Essig aufsetzen und ca. 3 Minuten lang kochen.
Das Bries zwischen zwei Holzbrettchen legen und beschweren (2-3 Stunden lang).

Bries in Würfel schneiden, zusammen mit den Schalotten in Butter leicht erhitzen, dann kleingeschnittene Karotten und Sellerie hinzufügen. Das Bries leicht mit Mehl bestäuben, Marsala und Weißwein dazugeben, den Wein verdampfen lassen und nach und nach die Fleischbrühe dazu gießen. Cornichon und evtl. Pilze kleingeschnitten zufügen.
Auf weißem Reis anrichten und servieren.

Varianten:
- Das so zubereitete Kalbsbries in Blätterteigpastetchen füllen (falls die Tantchen mit den spitzen Mündchen zu Besuch kommen) und mit Salat servieren (z.B. Radicchio-Salat mit Walnußkernen).
- Die 1-Stern-Variante, sehr lecker & festlich:
  500 g Kalbsfilet in fingerdicke Scheiben schneiden und mit etwas Mehl bestäuben. In ca. 50 g Butter beidseitig anbraten, mit etwas Marsala beträufeln. Dann das Kalbsbriesragout darübergeben und mit Reis oder frischem italienischen Brot servieren.

Wer soll das bezahlen?

Wer die Steuer in Italien eingeführt hat - ich weiß es nicht. Es muß aber ein Mensch gewesen sein, der für sein Leben gerne Kalbsbraten gegessen haben muß. Es gibt nämlich in Italien in vielen Varianten den Kalbsbraten „alla finanziera", nach Art der Finanzpolizei. Und das war so:
Einmal im Jahr kam die Brunecker Finanzpolizei zu uns nach Hause: zwei Finanzer, die darauf aus waren, mögliche Diskrepanzen zwischen der Steuererklärung meines Papas und der Einrichtung unseres Hauses festzustellen. Arme Teufel aus Sizilien, wie mein Papa immer sagte, die im ungeliebten Norditalien am Hungertuch nagen mußten. Für uns war das der Tag, an dem unsere Mama einen leicht flackernden Blick bekam, zum großen Einbauschrank mit der Tischwäsche lief und mit dem Arm voller Tischtücher zurückkam. Mein Papa verschwand derweil im Keller und machte sich am kleinen Safe zu schaffen. Mama kommandierte meinen Bruder und mich zu sich und nun ging's ans Abhängen. Die alte Kommode in der Diele, die neue Waschmaschine in der Küche, die Musiktruhe von Graetz mit dem magischen Auge im Wohnzimmer. Und dann kam der Flügel dran. Ein wunderschöner Vorkriegs-Bechstein (Kenner wissen, was ich meine!), der meinen Bruder in die Konzertsäle der Welt katapultieren sollte, ein Meisterwerk der Instrumentenbauer. Groß war er und gar nicht mal so leicht zu verstecken. Mein Bruder und ich räumten ihn ab (Noten, Blumenvasen, Aschenbecher, eine Flasche Eierlikör, zwei Stapel „Dolomiten" und meine Geige) und legten das große Tischtuch drüber, das mit der Lochstickerei. Und jetzt kam die Hauptarbeit: kübelweise stellten wir nun Blumen aus dem Garten auf, vor und neben den Flügel und verwandelten so das Musikzimmer in einen Blumenladen. Es klingelte. Die beiden uniformierten armen Teufel kamen in die Diele. Mein Papa begrüßte sie, holte beiläufig einen Briefumschlag aus der Jacke und sagte: „C'ho ancora delle notizie per Lei" (Ich habe da noch ein paar Notizen für Sie). Der Finanzer nahm den Umschlag und mußte ganz dringend aufs Klo. Erleichtert kam er zurück und beging nun

mit seinem Kollegen und Mama das Haus. Virtuos wies meine Mutter auf das schöne Familienbild an der Wand neben der Musiktruhe hin, beklagte die mühevolle Arbeit der Handwäsche und stöhnte beim Durchschreiten des Musikzimmers: „In diesem Jahr ist es im Garten besonders schlimm, die Blumen wachsen einem geradezu über den Kopf, ich weiß bald nicht mehr wohin damit. Ist es bei Ihnen in Sizilien auch so?". Und schon waren wir wieder im Treppenhaus, wo sich die beiden Finanzer artig verabschiedeten. Dem Flügel hat dies alles nicht weiter geschadet, und wir Kinder hatten wieder ein Jahr lang Zeit, unseren Krimskrams auf dem Bechstein zu stapeln. Nur Kalbsbraten hat es an diesem Tag nie gegeben.

Kalbsragout

-f-

1 1/2 kg Kalbsragout	Ragout mit Gemüsezwiebel und Tomatenmark anbraten.
1/2 Gemüsezwiebel	Tomaten, Paprika, Marsala und Weißwein zugeben.
0,3 l Crème fraîche	1-1 1/2 Stunden schmoren lassen.
1 - 2 EL Tomatenmark	Salzen, pfeffern und mit Paprika abschmecken.
1 gelbe Paprika (gewürfelt)	
6 Tomaten (gehäutet und	TIP:
ausgepreßt)	Wenn das Fleisch zuviel Wasser zieht, Flüssigkeit abgießen,
Salz	dann Zwiebel und Tomatenmark mitbräunen.
Pfeffer	
1/4 l Weißwein	
1 Glas Marsala	
edelsüßer Paprika	

Involtini

-f-

Für 6 Personen:

18 kleine Kalbsschnitzel
á ca. 40 g (sehr dünn
geschnitten und *dünn*
geklopft)
100 g Weißbrot
40 g getrocknete
Steinpilze
150 g gehackte Schalotten
3 EL Butter
3 EL gehackter Speck
(Pancetta)
2 EL gehackte Petersilie
2 Eier
1 gehackte Karotte
Salz
Pfeffer
Majoran
0,25-0,3 l Weißwein
etwas Rinderfond
0,12 l Rahm

Weißbrot ohne Rinde in warmem Wasser einweichen.
Steinpilze in Wasser einlegen.
Zwiebeln andünsten, Butter und Speck zugeben, 1/4 der Pilze hacken und mit etwas Einlegwasser zu den Zwiebeln geben. Verdampfen lassen, Brot ausdrücken und zugeben.
Petersilie und Gewürze zugeben und die Füllung mit den Eiern binden.
Die Kalbsschnitzel füllen und rollen, die gerollten Schnitzelchen mit Küchenfaden zubinden (sonst geht ja alles wieder auf und das will doch keiner, oder ?!).
In Butter anbraten.
Die restlichen Pilze mit Einlegwasser pürieren, mit Fleischfond würzen (Brühwürfel tut's auch), in die Pfanne geben.
Weißwein und Rahm zugeben.
Dat Janze ca. 10 Minuten schmoren lassen.

Kalbsfilet im Blätterteig

-f-

1 Kalbsfilet	Kräuter (im Cutter) kleinhacken.
4-5 Scheiben Blätterteig	Kalbsfilet tief einschneiden und mit der Hälfte der Kräuterpaste
(aufgetaut)	füllen (einige Scheiben einer unbehandelten Orange passen
1 Eiweiß	ebenfalls dazu), mit Zahnstochern (Holzstäbchen) oder
1 Eigelb	Küchenschnur verschließen und kräftig von allen Seiten anbraten.
Orangenscheiben	Die Blätterteigscheiben auf einer mit Mehl bestäubten
1 1/2 Bund glatte	Arbeitsfläche ausrollen.
Petersilie	Das Kalbsfilet mit der Kopfseite in die Mitte des Blätterteigs
2 EL Estragonsenf	legen, dergestalt, daß die Enden (des Teigs) auf der Unterseite
2 EL Olivenöl	nicht sichtbar werden.
1 Bund Basilikum	Den Teig dann um das Filet klappen und mit Eiweiß zustreichen.
1/2 Bund Rosmarin	Dann mit Eigelb bestreichen und - so man will - dicht mit dünnen
1/2 Bund Dill	Orangenscheiben (mit Schale, wenn die Orangen unbehandelt
1/2 Bund Salbei	sind) belegen.

Bei 225 Grad im Ofen 15-20 Minuten backen.

Sollte etwas Blätterteig übrig sein, kommt die Stunde der Kinder. Sie können Formen ausstechen, Männchen basteln oder sonst ihrer Phantasie freien Lauf lassen. Die jeweiligen Produkte mit gehackten Mandeln, Mohn oder Hagelzucker (oder, oder ...) bestreuen und ebenfalls 15-20 Minuten bei 225 Grad backen.

Kalbsfilet, pochiert

-f-

1 Kalbsfilet 30 g getrocknete Steinpilze 1/2 l Einweichwasser etwas Marinade (von der Kalbshaxe, siehe dort) 2 Rosmarinzweige (aus der Marinade) 1-1 1/2 l Wasser 1 Gemüsebrühwürfel etwas Rinderfond (fest) Armagnac 1 Glas Weißwein 1 rote Zwiebel nochmal 2 Gemüsebrühwürfel ca. 30 g großblättrige Petersilie Estragon Thymian Selleriesalz 130 g Crème fraîche 3 Eier	Steinpilze in warmem Wasser 1/2 Stunde einweichen. Pilze, Einweichwasser, Rinderfond, Rosmarinzweige und den Gemüsebrühwürfel in 1-1 1/2 l Wasser geben. Aufkochen. Das Kalbsfilet an einen Kochlöffel binden und 25-30 Minuten lang in der Brühe pochieren. Herausnehmen. Ebenso die Rosmarinzweige entfernen. Weißwein, rote Zwiebel, noch etwas Rinderfond und die beiden weiteren Gemüsebrühwürfel dazugeben und alles zusammen etwa 1/2 Stunde einkochen lassen. Mit Armagnac abschmecken. In der Zwischenzeit Petersilie, Estragon, Thymian, Crème fraîche, Eier und evtl. noch einen Gemüsebrühwürfel in der Küchenmaschine pürieren. Etwas Selleriesalz dazugeben. In einer Kasserolle leicht erhitzen (nicht kochen lassen, wegen der Eier!), paarmal umrühren und über das in Scheiben geschnittene Kalbsfilet geben. Servieren.

Ochsenschwanz in Schokolade

-f-

Für 8 Personen:
2 kg Ochsenschwanz in dünne Scheiben geschnitten
200 g Pancetta
200 g Schalotten
3 Knoblauchzehen
7 Nelken
1/2 l trockener Weißwein
400 g Fleischtomaten
1/2-1 Tafel bittere Schokolade
Staudensellerie
50 g Butter
40 g Pinienkerne

Den Ochsenschwanz mit gewürfeltem Speck, Schalotten, Knoblauch, Nelken, Salz und Pfeffer in einem großen Bräter in Olivenöl anbraten.
Mit Wein auffüllen.
Gehäutete und gewürfelte Tomaten zugeben und eine Stunde schmoren lassen.
Dann das Fleisch mit Wasser knapp bedecken und für 4 Stunden bei 130 Grad unten in den Ofen schieben.
Staudensellerie putzen und kleinschneiden, in Butter dünsten, etwas Ochsenschwanzfond dazu und darin die Schokolade auflösen.

Airfresh mit Sahnehaube

Ochsenschwanz! Abgesehen vom Widerspruch in sich eines der klassischen Elemente der deutschen Küche der 50er Jahre. Kein Menü ohne diese zähflüssige Trübsinnigkeit: Ochsenschwanzsuppe. Sie schien einer ganzen Generation vornehmer zu sein als die ordinäre Gulaschsuppe. Tagelang zerkocht wurde sie als geschmackloser Sirup in Tassen gefüllt und galt als Inbegriff einer Menüeröffnung, der dann der Wildschweinrücken mit Preiselbeeren, Sahne und Apfelsinenscheiben zu folgen hatte. Ochsenschwanzsuppe (die richtige, nicht die klare Oxtail), der Käse-Igel und die Burda-Kochhefte gehören für mich zusammen wie die 50er Jahre und Lys Assia. Als ich das erstemal in Deutschland war, sah ich diese „Köstlichkeiten" und konnte nicht fassen, daß man so etwas überhaupt essen konnte. Das war 1953, ich war acht Jahre alt, und wir waren das erstemal in München. Offene Jeeps mit schwarzen GI's patrouillierten durch die Kaufinger Straße, das Bahnhofsviertel war zum Teil noch zerbombt und im Hotel „Drei Löwen" gab es Ochsenschwanzsuppe. Ich weigere mich. Ich sah nur noch Sahneberge auf allem, was man essen konnte, Cocktailkirschen drüber und Apfelsinenscheiben, selbst auf der Ochsenschwanzsuppe schwamm noch der berühmte Sahneklacks. Ich wollte Spaghetti, Tortellini, Lasagne, Involtini oder Fegato alla veneziana, aber damals wußte in Deutschland keiner, was das überhaupt war. Meinen Eltern ging es ähnlich, allerdings zwang sie die Höflichkeit des Gastes, diese Unsäglichkeiten zu essen. Ich wich auf Bananen aus, die ich in dieser Größe und Qualität nicht kannte. Kiloweise schob ich sie mir tagsüber in den Mund, um abends keinen Hunger mehr haben zu müssen. Meine Mama kaufte sie beim fliegenden Händler vor dem halbfertigen Kaufhaus am Stachus. Überhaupt war dies auch die Zeit der fliegenden Händler. Und was sie alles hatten! Die Allesreibe, den nie versagenden Glasschneider, das Tragenetz, das man mühelos im Portemonnaie verstauen konnte, die Nyltesthemden, die man nie zu bügeln brauchte, „Air fresh", einen amerikanischen Rauchverzehrer in Flaschen, man mußte nur den dicken Docht herausziehen, und das Zimmer stank tagelang nach einer undefinierbaren Mischung aus Achselschweiß und Tannenduft, dann doch lieber Zigarrenqualm, dachte ich mir, und derlei Wunder mehr. Meine Mutter kaufte alles. Es war ja auch so billig. Und deutsche Qualität war es auch. Ich führte das auf den Genuß der Ochsenschwanzsuppe zurück und schwor mir, nie in meinem ganzen Leben so was zu essen. Und wenn wir bei der Rückfahrt mit unserem Fiat Topolino an den Brenner kamen (und damals war Zoll wirklich noch Zoll), verschwanden diese ganzen Errungenschaften des deutschen Wirtschaftswunders im Busen meiner Mama, um dann in Bruneck unseren Haushalt zu bereichern. Soweit ich weiß, ist sie kein einziges Mal aufgeflogen! Aber selbst wenn: was hätte wohl ein italienischer Zöllner mit einer Flasche „air fresh" anfangen sollen?

Der Mensch ist, was er ißt
(Ludwig Feuerbach)

Der alte Grieche und der Rheinländer haben eine Gemeinsamkeit: sie nehmen sich Zeit für die wichtigen Dinge des Lebens, so da unter anderem wären, sich auf der agorà oder beim Glas Kölsch gepflegt zu unterhalten. Wem das wichtig ist, der muß an anderen Ecken einfallsreich sein.

So entwickelte der Grieche die sanfte Kunst des „stifado", des langen Schmorens. Xanthippe konnte morgens das Teil in den Herd schieben, Sokrates kam eh vor dem Abendessen nicht nach Hause, das Ganze auf 100 Grad stellen und war nun frei für den Tag. Sie ging zu Madame Plato, um über ihren Dicken zu schimpfen, sie nervte Xenophon, dem sie ein Dönschen nach dem anderen erzählte, weil sie wußte, daß er an einem Buch über Sokrates schrieb, und weil sie dem das wahre Gesicht ihres geschwätzigen Gatten entgegenhalten wollte, man hat ja eine Verantwortung vor der Geschichte, nicht wahr, und so, wie es Herr Plato erzählt, ist es ja nie gewesen, wissen denn die Leute eigentlich, was es heißt, mit so einem Tagedieb zusammen zu sein, keine Sklaven im Haushalt, weil er so was prinzipiell ablehnt, alles muß sie selber machen, aber draußen auf der agorà den „Weisen" heraushängen lassen, so sind sie, die Männer, verlieren den Einkaufszettel und sagen dann zum erstbesten Tsatsiki-Verkäufer: „Ich weiß, daß ich nichts weiß", das wüßte ich aber, je kleiner der Anlaß, desto größer der Bohei, da sind sie alle gleich, diese Angeber, und Kleider kann sie sich auch keine leisten, weil ja nichts hereinkommt, wenn er tagaus tagein Maulaffen feilhält, wenn sie nicht ab und an von ihren Eltern Unterstützung bekäme, wer weiß, wo sie heute stünden, und das geschähe ihm mal ganz recht, daß sie nicht mehr da wäre, aber man hat ja eine Verpflichtung,

obwohl sie immer häufiger dran dächte, den ganzen Krempel hinzuschmeißen und nach Piräus zu-
rückzugehen, wo man sie noch kennt und schätzt, dort läßt sie keiner fallen, das weiß sie ganz genau, und um die Kinder kümmert er sich auch nicht, außer daß er ihnen den Kopf durcheinanderredet
mit seiner Wahrheitsliebe, die hat sie ja besonders gefressen, weil wahr ist auch, daß er die Kinder
nicht mal in eine vernünftige Berufsausbildung steckt, damit sie im Alter mal ihr Auskomme haben
kann.

Und Xenophon schrieb jedes Wort mit und wartete auf das erlösende Stichwort, daß sie jetzt nach
Hause müsse, weil der „stifado" sonst austrockne. Aber da war es schon Abend, und der entnervte
Xenophon warf die Mitschrift in den Papierkorb, weil er schon wußte, daß das nun wirklich nie je-
mand lesen möchte.

Sechs-Stunden-Lammkeule oder "Ich-geh-mal-raus"-Keule

-lsv, eZ-

1,5 kg Lammkeule
350 g getrocknete, große weiße Bohnen (beim Griechen!)
250 g rote Zwiebeln oder Gemüsezwiebeln
500 g Zuckerschoten (oder Brechbohnen)
2 Zweige frischer Rosmarin (oder 1 1/2 TL getrockneter)
5 Zweige frischer Thymian (oder 2 1/2 TL getrockneter)
2 Lorbeerblätter
1 kg Tomaten (gehäutet und ausgepreßt)
3 Knoblauchzehen
Salz
Pfeffer

Ofen auf 100 Grad vorheizen.
Die weißen Bohnen 5 Minuten vorkochen.
Die Keule mit den Gewürzen einreiben (etwas Thymian zurückbehalten) und zusammen mit den kleingehackten Zwiebeln ringsherum gut anbraten.
Alles zusammen in einen Topf geben, Gemüse und Knoblauch dazutun und zu 3/4 mit Wasser auffüllen.
Den Topf in den Ofen stellen und bei 100 Grad etwa 6 Stunden lang garen.

Dann ist erst mal Zeit. Viel, viel Zeit.

Lammkeule aus dem Bräter nehmen, aufschneiden und - falls Sie in der Zwischenzeit nicht schon gegessen haben sollten - essen.

TIP:
Schmeckt am anderen Tag noch besser.

Lammkeule mit Rosmarin

-lsv, f-

1 Lammkeule (evtl. ausgelöst) 1 1/2 Flaschen Weißwein 6 Knoblauchzehen (in Scheiben) 1 gr. Bund frischer Rosmarin 3 Gemüsebrühwürfel 200 g Crème fraîche Salz Pfeffer	Die Lammkeule (wenn der Knochen noch dran ist: gut von Haut und Fett befreien!) in eine Marinade aus Weißwein, Knoblauch und Rosmarin legen (Rosmarin: zur Hälfte die Nadeln abmachen, die andere Hälfte an den Zweigen lassen) und 2-3 Tage darin marinieren. Das kann man auch gut - vorausgesetzt, die Gäste sehen es nicht! - in einer Plastiktüte machen, die man gut verschließt; das bietet die Gewähr, daß das Fleisch gut von der Marinade umgeben ist. Die Keule aus der Marinade nehmen und kräftig in Olivenöl von allen Seiten anbraten. Die Marinade zugeben, ohne die gesamten Rosmarinzweige (neigen schnell zum Bitterwerden) zuzufügen, nehmen Sie lieber frische Zweige. Die Brühwürfel 'erein und 3 Stunden köcheln lassen. Dann Crème fraîche dazu, die Sauce durchsieben, mit Salz und Pfeffer abschmecken und zusammen mit dem Fleisch servieren.

Lamm mit Aprikosen

-f-

1,5 kg gewürfeltes
Lammfleisch aus der
Keule
1 gelbe oder rote
Paprikaschote
1 Gemüsezwiebel
1 Bund Karotten (mit
Grün)
1 kleine Sellerieknolle
500 g getrocknete
Aprikosen, in ca.
0,5 l Wasser einweichen
2 TL Koriander
(gemahlen)
1 TL Zimt
2 Knoblauchzehen
1 TL Ingwer
1/2 TL Nelkenpulver
Salz
schwarzer Pfeffer
2 Briefchen Safran
2 Gemüsebrühwürfel
1/4 l Weißwein
1 1/2 EL Rosenwasser
Olivenöl
Sesamöl

Das Lammfleisch in Olivenöl und 1 EL Sesamöl anbraten. Paprikaschote, Gemüsezwiebel, Karotten und Sellerieknolle dazugeben und ebenfalls anbraten. Dann die eingeweichten (ca. 30 Minuten lang) Aprikosen und das Einweichwasser dazugeben. Jetzt Koriander, Zimt, Ingwer, Nelkenpulver zum Fleisch geben, mit Wasser bedecken und ca. 1 Stunde schmoren lassen. Nach 30 Minuten aber die Möhren (wg. Grün!) herausnehmen und Safran, Gemüsebrühwürfel, Weißwein, Sesamöl und Rosenwasser hinzufügen.
Mit Korianderblättern und Petersilie dekorieren. Möhren und Gemüsezwiebel dazulegen.

Dazu paßt hervorragend weißer Risotto mit Schalotten und etwas Thymian oder Estragon.

Lammfilets in der Salzkruste (Mikrowelle)

-f-

2 Lammfilets (ca. 550 g) *(ohne Haut)* *1500 g grobes Salz* *500 g Mehl* *2-3 Eiweiß* *3 Zweige Rosmarin* *4 Lorbeerblätter* *7 Knoblauchzehen* *(gescheibelt)*	Aus Salz, Mehl und Eiweiß mit der Hand einen glatten Teig kneten (er sollte nicht zu trocken sein). Eine längliche Porzellan- oder Glasform mit einem Teil des Teigs auslegen. Die Filets mit den Gewürzen drauflegen und mit dem restlichen Teig belegen, gut andrücken und in der Mikrowelle 10-12 Minuten bei 600 Watt garen. Die Filets müssen vom Salzteig umgeben sein. Dazu paßt eine Knoblauchsauce (s. dort) oder ein Weißweinsößchen (auch das s. dort).

Bollito misto - Gemischt-Gekochtes

-eZ-

Für 12 Personen:
1 kg Tafelspitz
750 g Kalbsnuß
500 g Kalbskopf
1 Kalbszunge
1 großes Huhn (oder Perlhuhn)
1 Cotecchino cotto
1 kg Kalbshaxe in Scheiben
1 Ochsenschwanz in Scheiben
Rindermarkknochen
2 Lauchstangen
1 Bund kleine Karotten
3 Lorbeerblätter
10 Pfefferkörner (schwarz)
1 Sellerieknolle
1 Gemüsezwiebel
1 Zwiebel mit Nelken gespickt
1 Bund großblättrige Petersilie
5 Wacholderbeeren

2 1/2 l Wasser mit den Brühwürfeln erhitzen. Zuerst nun das Rindfleisch in den Topf geben, später das Kalbfleisch, das Gemüse, das Geflügel und den Ochsenschwanz.
Das Ganze ca. 2 1/2-3 Stunden sieden.

Die Zunge separat (ca. 2 Stunden lang) kochen. Auch der Cotecchino sollte separat gekocht werden. Es gibt ihn allerdings auch schon fertig gekocht zu kaufen (Cotecchino cotto).

Dann gibt es zwei Möglichkeiten, den Bollito misto zu servieren:
a) Sie stellen sich für den Rest des Abends an den Herd und schneiden jedem Gast extra von jedem Fleischstück was ab, das sie aus dem Topf holen und sofort wieder reintun. Sicher die geschmäcklerischste Art, Bollito zu servieren. Ob Sie allerdings so den Abend verbringen möchten, müssen Sie entscheiden.
b) Sie schneiden alles in schöne Scheiben, richten es in einer großen Warmhaltewanne an (Sie wissen schon: diese Teile mit den Kerzen drunter), geben satt von der Brühe dazu und können sich mit Ihren Gästen unterhalten.

In jedem Fall aber schreit das Bollito misto nach Saucen, z. B. nach der berühmten *Salsa verde*.

TIP:
Safran macht auch Fleisch „gel", nicht nur den Kuchen!

Ei

Die schnellen Brüter

Seien wir mal ehrlich: gibt es wat Unschuldijeres als Küken? So goldig, so flauschig, so richtig zum ereinbeißen, äh, streicheln. So patschig sin se und haben die Äugelchen noch nit richtig auf und dat Schnäbelchen noch janz weich und noch keine Federchen, nur so joldenes Fläumchen um dat Popöchen erum, also wenn man Jold streicheln möchte, dann müßt man sich an et Küken halten. Wenn ich so ein Küken seh, also: die Unschuld in Person. Und läuft so tolpatschig dem Mutterhuhn, also jetzt mehr der Henne in dem Fall, hinterher und piepst, zum Schreien, ne. Und wenn dann dat Mutterhuhn ihr Kind an die Brust nimmt und säugt, also: ein Bild des Paradieses, dät ich mal sagen, äh halt!, nein, dat war jetzt mehr bei der Sau, aber is ejal, ich wollte nur sagen: schön ebends, ne. Und doch, Damen und Herren, und doch hat auch in diese Idylle voller Flausch, Treue und Glück die Welt Einzug gehalten, also jetzt mehr: der Mensch, ne, also unsereins. Jetzt nicht persönlich gesehen, sondern mehr alljemein. Und da hat dat Küken natürlich schlechte Karten. Weil: wir sind ja viele. Und wenn da der Hunger mit einem so sein Spiel treibt ... Nur, jetzt mal so gesehen: dat Küken frißt ja auch. Würmer. Buäh! Dat is ja auch, wenn man so will, Mord am Leben, ne. Ich meine: wenn man dat mal so richtig in Grund und Boden denkt, da könnt einem ja speiübel, könnt einem da ja. Ich sage nur: Küken, die Unschuld in Person, ne, aber schon am Morden wie Sau! Aber so is dat: fressen und gefressen werden, die ewigen Gesetze des Lebens, dat jehört ebends zusammen wie, wat soll ich sagen, Schuld und Unschuld. Is ja nicht ein Gegenteil, Quatsch, dat sind nur zwei Seiten derselben Medaille. Dat eine gäb et ja ohne dat andere gar nicht. Obwohl: is ja interessant, wenn man dat jetzt mal gedanklich konsequent bis ans Ende des Denkbaren verfolgt, quasi: dat also die Schuld eijentlich erst die Unschuld macht. Und auch wiederum umjekehrt. Dat also im Grunde der Unschuldije dran schuld is, dat et der Schuldije überhaupts gibt! Ich meine, da tuen sich ja solche Abgründe auf, ne, da mag man gar nicht ereindenken, wird einem janz schwindlig von. Und da is natürlich klar, dat da quasi Zoff auf allen Ebenen is, weil: mag ja keiner auf sich sitzen lassen. Und dat is beim Menschen jetzt ebends auch. Ich meine: unsereins is ja dat letzte Glied in der Nahrungskette. Kann man sagen, puh! Hammer Schwein jehabt, aber ejal, so is et nun mal. Alle anderen kommen vor uns, ne, bedaure und guten Appetit, aber: willse machen. Unsereins wird ebends satt, weil der Stärkere den Schwächeren frißt. Punkt, aus, basta. Und weil jetzt die freie Wildbahn nicht immer alles liefern kann, wat freßbar ist, is et wichtig, dat man dafür sorgt, dat dat klappt. Dat es ja so: man ißt ja schon mal gerne zum Frühstück ein Ei, oder halbes Hähnchen, Pommes dabei, schön. Deshalb muß man aber dafür sorgen, dat man dat Küken, also jetzt mit Huhn, Hahn und Henne dabei, in großem Stil hält und zubereitet, dat dat mit der Lieferung ebends hinhaut. Un dat is jetzt die Massen-Küken-Haltung. Und wenn man da mal ereinschaut, also dat is interessant. Da sind ja die Hühner in zig Stockwerken alle im kleinen Eigentumskäfig, also zu Hunderttausenden und sind da am legen wie Sau, immer schön in die Rampe erein, und da kullern dann also die Eier in die Körbchen. Die meisten. Da jeht schon mal wat daneben, aber willse machen. Ich sage immer: dat is der Unterschied zwischen dem Menschen als höherem, denkenden Wesen und so einem Tier, weil: in dem Gestank - ich könnt da kein einzijes Ei ereinlegen, ne, aber die Hühner: immer weiter! Ejal. Da kommt dann also dat Ei eraus aus dem Huhn, rollt, nein, kullert (is ja ein Ovoid!) über die Rampe ins Körbchen, und da is dann jetzt die Lampe drauf. Große Lampen, ich sage immer: der schnelle Brüter, scherzhaft natürlich, weil so eine

Lampe doch mehr Mutterwärme jeben kann als so ein abjewetztes Legehuhn, normal. Und dan ebends kommt der jroße Augenblick, wo dat Ei dann platzt und dat Wunder des Lebens quasi vor einem is. Wenn da also dat flauschige kleine Kerlchen da im Ei steht und sich umguckt, also wer dat einmal erlebt hat, dem bleibt eine Wärme im Herzen, nicht zum sagen, ne. Und so sauber! Nicht so wie beim Menschen, mit Jebrüll und Blut und Drecke und dat all, nee: einfach sauber und flauschig. Herrlich. Und dann ebends kommt die unternehmerische Frage: Hunh oder Hähnchen, Mann oder Frau? Hähnchen links eraus für einmal klimmen und dann ab in die Friteuse, Hühnchen rechts eraus für Eier legen. Und dat is interessant, weil: da steht dann einer, nimmt dat Küken in die Hand, einmal kurz auf der Popo jepustet und dann links eraus, rechts eraus oder in die Mitte. Weil: da sind natürlich immer auch welche dabei, wie soll ich sagen: fünf Schnäbel, sechs Beine, also kein Bild für der Tierfreund, ne, in die Mitte also kommen dann die, die weder Hühnchen noch Hähnchen, weder Mann noch Frau, also im Grunde die Unschuld in Person, von keinem Geschlecht dieser Welt befleckt, die kommen in die Mitte. Und da is dann ein Trichter, der Trichter der Unschuld sozusagen, da kommen die erein, unten is da ein Quirl, und dann jeht dat Janze als Frikassee zu Whiskas, Schappi oder - wenn es an der Petersilie vorbeifliegt - zum Sheeba. Kükenrecycling quasi. Aber dat sieht man nur, wenn man da janz tief in der Trichter der Unschuld ereinschaut. Also ich sage immer: tun Sie't nit! Man muß um diese letzten Dinge nicht immer so jenau Bescheid wissen, bringt einen nur durcheinander. Also dann: juten Appetit, ne!

Rührei / Trüffelei

-eZ, f-

8 Eier *2 EL Butter* *1 EL Rahm*	Ein Wasserbad erhitzen. Die Eier in eine Schüssel geben, salzen, rühren (aber ohne sie schaumig zu schlagen, sonst hieße es ja Schaumei und das ist - wie wir wissen - ein Musikinstrument!) und in eine Kasserolle geben. Diese ins Wasserbad legen und ständig rühren. Wenn die Eimasse zu stocken beginnt wird die kleingeschnittene kalte Butter hinzugefügt (je nach Geschmack kann es auch die doppelte Menge Butter und der Rahm sein). Jetzt können nach Belieben Kräuter wie Schnittlauch, kleine Frühlingszwiebeln (vorher dünsten!) oder Pfifferlinge etc. dazu kommen. Beim Trüffel-Rührei sollte man die kleingeschnittenen Trüffel mehrere Stunden (am besten über Nacht) in die Eimasse geben und kaltstellen.

Bocuse hat'n Platten

Tür zu, Fenster zu, Mama macht Soufflé! Das sind Momente, in denen Freude in der Küche aufkommt. Das Soufflé ist so etwas wie der Intimfeind der Köchin. Eine Sekunde Luftzug und das Zeug fällt in sich zusammen wie die Versprechungen der Männer vor dem Traualtar. Es kommt auf die Sekunde an. Es muß a) im richtigen Moment aus dem Ofen geholt werden und b) in stehender Luft sicher zum Tisch gebracht werden. Das hört sich einfach an, aber ich versichere Ihnen, selbst ausgebuffte Profis sind vor dem ätzenden „Pffff!" der entweichenden Luft nicht gefeit. Und wenn ein Kellner Ihnen ein Soufflé im Gartenrestaurant an den hintersten Tisch bringt und es steht immer noch wie eine Eins, wissen Sie, daß da eine ganze Menge anderer Substanzen mit drin sind. Beton - man muß nur wissen, was man daraus macht. Köstlich die Ausreden in Nobelrestaurants, wenn das Soufflé nicht funktioniert hat. Das geht von „Wir hatten einen Stromausfall in der Küche" bis zum „Tut mir leid, das Personal hat gekündigt". In Wahrheit hat aber irgendein Rindvieh das Fenster im falschen Moment aufgemacht. Hat es aber geklappt, ist ein Soufflé die Krönung dessen, was eine Köchin (oder ein Koch) den Gästen auf den Tisch bringen kann. Und bevor ich restlos ins Schwärmen gerate: versuchen Sie einfach eines der beiden folgenden Rezepte. Aber, wie gesagt: Tür zu, Fenster zu, Mama macht Soufflé!

Kräutersoufflé

-f-

35 g Butter
50 g Mehl
40 g gemischte frische
Kräuter (kleingehackt)
0,4 l Milch
1 TL Senf (Dijon)
etwas Muskat
Salz
Pfeffer
150 g Bel paese (oder
ähnlicher milder Käse)
1 Knoblauchzehe
4 Eigelb
6 Eiweiß
1 TL Speisestärke
1 Messerspitze
Backpulver

Eine große Soufflé-Form (oder 6-8 kleine Formen) mit Olivenöl auspinseln und mit Parmesan bestreuen.

Butter schmelzen, Mehl einstreuen und rühren, leicht anbräunen lassen, Milch rein, unter ständigem Umrühren einmal aufkochen lassen. 2-3 Minuten weiterrühren und zu einer dicken Sauce einkochen. Dann salzen, pfeffern, 1 TL Senf einrühren und die Muskatnuß nicht vergessen.

Den Käse in der Küchenmaschine kleinhacken, mit 1 TL Speisestärke mischen, Kräuter und Eigelb zugeben und alles unter die abgekühlte Béchamelsauce ziehen.

Eiweiß steif schlagen, Backpulver drüberstreuen und alles vorsichtig unter die Käse-Kräuter-Mischung heben.

In die Form geben und bei 180 Grad ca. 55 Minuten lang auf der zweituntersten Schiene backen.

Käse-Soufflé

-eZ-

Soufflémasse:

150 g geriebener Käse
(je nach Gusto)
z.B.: 100 g Bel Paese
*   50 g Parmesan*
oder: 100 g Emmentaler
*   50 g Parmesan*
1 TL Maizena
4 Eiweiß
4 Eigelb
1 Messerspitze
Backpulver

Béchamel-Sauce:

30 g Butter
40 g Mehl
0,4 l Milch
1 TL Dijon-Senf
etwas Muskat

Den Boden einer Souffléform mit Butter einfetten (evtl. vorher mit etwas Knoblauch einreiben!) und mit frisch geriebenem Parmesan bestreuen.

Béchamel-Sauce:
Butter mit Mehl in einer Pfanne schmelzen, Milch dazugeben und unter ständigem Rühren mit einem Schneebesen aufkochen lassen.
Mit Senf und Muskat abschmecken. Man kann auch frische Kräuter dazutun, z.B. Thymian, mhmmm!

Jetzt den geriebenen Käse mit Maizena verrühren und zusammen mit den Eigelb unter die Sauce heben.
Eiweiß mit einer Messerspitze Backpulver steif schlagen (es soll steif sein aber noch so geschmeidig, daß es sich gut unter die Sauce ziehen läßt) und behutsam unter die Sauce ziehen. Behutsamkeit ist wichtig, wenn es schön aufgehen soll (wie in anderen Lebensbereichen auch!).

Jetzt die Masse in die Souffléform geben und in den auf 180 Grad vorgeheizten Backofen schieben.
Ca. 50 Minuten backen.

TIP:
Mit Salat ein schönes Nachtessen.

Gemüse

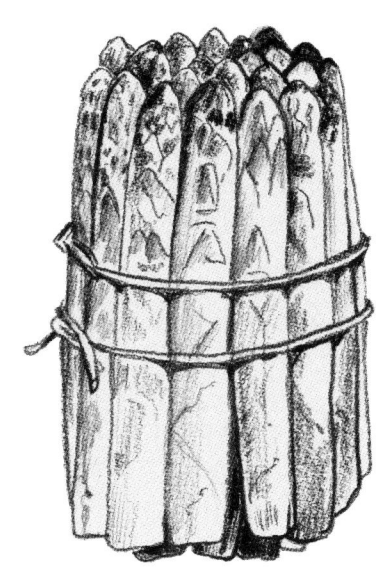

Vom Lutschen

Nie weiß man, wie man ihn essen soll, den Spargel. Schneiden oder nicht schneiden? Hand oder Werkzeug? Oder gar etwa der equilibristische Akt, das hintere Ende des Spargels auf die Gabel zu legen, ihn in der Mitte mit dem Messerrücken abzustützen und den Kopf in den Mund zu nehmen, wobei, wenn einem das gelungen ist, das Problem des Nachschiebens zu lösen wäre. Sehr schön ist auch eine Methode, die wir alle noch vom Kindergeburtstag her kennen: das Würstchen-Schnappen. Da wird mit der Gabel in den Spargel gestochen, dann muß man mit geöffnetem Mund versuchen, das herabhängende, schwankende Köpfchen zu schnappen. Ein wundervolles pantomimisches Schauspiel. Die Augen schielend auf die Spargelspitze gerichtet, den Mund weit aufgerissen, sitzen würdevolle Erwachsene in den Restaurants herum, als wären sie für Sekunden von einer Art Irrsinn befallen. Und keiner lacht, und jeder hält das für normal. Ich weiß es nicht. Ich nehme im Zweifelsfall die Finger, denn beim Essen kenne ich nur ein Ziel: dat, wat om Teller es, muß in der Mund erein, feedisch! Kleiner Tip für weiterhin Verunsicherte: essen Sie Spargelsalat. Da ist er schon geschnitten, und man kann ihn löffeln!

Spargel

-eZ-

Erstmal: *1 kg grüner oder weißer Spargel* Für die Sauce: *125 g Butter* *Salz, Pfeffer* *1-2 Messerspitzen Zimt* *Pecorino oder Parmesan*	Spargel schälen, großherzig unten abschneiden und ca. 15 Minuten „al dente" kochen. Dann kommt die Frage: wie machen wir ihn denn? Neben den klassischen Zubereitungen kann man auch mal folgendes versuchen („unser Favorit"!): Butter in kleinem Töpfchen schmelzen, kräftig mit Salz und Pfeffer abschmecken und zum Schluß den Zimt in die Butter geben. Diese Sauce über den Spargel geben und mit frisch geriebenem Pecorino oder Parmesan garnieren.

Zucchini

-eZ-

500 g Zucchini *Olivenöl* *1 Hühnerbrühwürfel* *1/4 l Weißwein* *Basilikum* *(oder fertiger Pesto)*	Zucchini in Scheiben schneiden, salzen, mit einem Holzbrett beschweren und wässern lassen (mindestens 1/2 Stunde). Zucchini dann in Öl lagenweise anbraten. Den Hühnerbrühwürfel in Weißwein auflösen, mit Basilikum (oder Pesto) abschmecken, zu den Zucchini geben und warm servieren.

Broccoli

-eZ-

2 kg Broccoli *2 Knoblauchzehen* *2 Tassen Weißwein* *1 Gemüsebrühwürfel* *Salz* *Pfeffer*	Broccoli in Röschen schneiden. Will man die Strünke auch mitverwenden, sollte man sie separat 10 Minuten in Salzwasser garen. Röschen (und evtl. Strünke) in Olivenöl zusammen mit dem gepreßten Knoblauch anbraten. Mit Weißwein löschen, Brühwürfel sollte mitkochen (andernfalls müßte er nach dem Essen wieder eingepackt werden und so akkurat wie die in der Fabrik kriegt man das bekanntermaßen nie hin). Auf den Teller, salzen, pfeffern, fertig. *Variante:* Die so zubereiteten Broccoli mit gehobeltem Käse (z.B. Bel paese) bestreuen und unter den Grill legen. Evtl. mit einer Sojasauce würzen.

Karotten mit Marsala

-eZ-

1300 g Karotten *100 g Butter* *1-2 Gemüsebrühwürfel* *1 Glas Marsala* *Salz* *Pfeffer* *2 große Knoblauchzehen*	Karotten in Scheiben schneiden und in Butter dünsten. Marsala und Gemüsebrühwürfel dazu und zugedeckt die Karotten „al dente" kochen. Falls die Flüssigkeit nicht reicht, mit etwas Wasser auffüllen. Mit Safran würzen, mit Petersilie anrichten. TIP: Das Scheibeln geht schnellstens auf der Küchenscheibelmaschine.

Spinat

-eZ-

400 g Blattspinat *Butter oder Olivenöl* *reichlich gescheibelter* *Knoblauch* *Salz* *Pfeffer*	Den Spinat kurz blanchieren, dann mit Eiswasser abschrecken, damit er nicht die Farbe verliert. Butter oder Olivenöl erhitzen, Knoblauch leicht anbraten und über den blanchierten Spinat geben. Würzen. Fertig. *Für Schnelle:* Es geht auch mit tiefgekühltem Blattspinat, den man allerdings vorher auftauen sollte, außer, Sie haben die Ehre, Eskimos beköstigen zu dürfen (was sich allerdings nur für männliche Singles empfiehlt, wg. der angeblichen Nacht-Sitten der Eskimos, Sitten übrigens, die auch hierzulande soo unbekannt nicht sein sollen, wie man z.B. an der ménage à trois sieht, der kleinen Dreier-Anrichte: Salz, Pfeffer und Zahnstocher. Oder woran dachten Sie?). *Weitere Variante:* plus 1 großer Blubb Sahne.

Desserts

Für kleine Schleckermäuler
wie Mascha und Zeno

Desserts - ein Kapitel, dem ich mich nur widerwillig zuwende. Dies dehalb, weil die Desserts von Menschen erfunden wurden, um uns zu quälen. Sie leben davon, daß wir Dessert-Esser eines Nachts (jawohl: Nachts) verzweifelt bei ihnen klingeln, um uns von ihnen helfen zu lassen. Zu bohrend sind die Schmerzen, zu dick ist die Backe. Und ab da haben sie uns in der Hand. Gnadenlos sind wir ihnen ein Leben lang ausgeliefet, nie mit ihnen befreundet (unsere Rache ist ihre Einsamkeit!), und dennoch müssen wir sie immer wieder aufsuchen. Herrlich der Tag, an dem wir, mit der Vollprothese ausgestattet, wieder essen können, was wir wollen. Auch Desserts. Schmerzlich die Entdeckung, daß wir dann meistens in einem Alter sind, in dem uns der Diabetes oder sonstige Gebrechen ausgerechnet das Essen von Desserts unmöglich machen. Woran man sieht, daß Desserts nur einer einzigen Gruppe von Menschen zugute kommen: den Zahnärzten. Möge diese kleine Rezeptsammlung den Schleckermäulern unter uns dennoch Anregung und Genuß sein, und hoffen wir, daß die Anästhesiologie weiterhin Fortschritte macht, auf daß man schon beim Betreten dieser menschenfeindlichen Einrichtungen in ein sanftes Koma fällt, aus dem man erst am folgenden Tag durch den sanften Duft einer Tarte Tatin geweckt wird!!!

Kandierte Maronen

-f-

Maronen schälen und häuten (in heißes Wasser legen und noch warm häuten).
Maronen wiegen. Aus der jeweils halben Gewichtsmenge des Maronengewichts Wasser und
Zucker zu einem Sirup kochen. Diesen Sirup über die Maronen in eine weite, niedrige, feuerfeste
Form gießen, auf den Herd stellen, einmal kurz aufwallen lassen, sofort wieder vom Herd nehmen
und einen Tag stehen lassen.
Dann den Sirup in einen Kochtopf umschütten und einkochen, bis er dickflüssig ist. Wieder über
die Maronen gießen und erneut einen Tag stehen lassen.
Erneut Sirup ohne Maronen mit Vanille und etwas Glukose zähflüssig einkochen und ein letztes
Mal über die Maronen geben.
Maronen mit dem Sirup in weithalsige Gläser geben.

PS: Mit Schokoladenhäubchen schmeckt es besonders gut.

Maronidessert

-f-

450 g Maronen (aus dem Glas, wenn keine frischen erhältlich sind) *2 Vanilleschoten* *150 g Zucker (oder mehr, nach gusto)* *1/2 l Vollmilch* *4 Eier* *30 g kandierte Amarena-Kirschen* *Kirschwasser* *0,3 l Sahne* *Kirschenkompott*	Maronen mit den Vanilleschoten in der gezuckerten Milch weichkochen und mit einem Mixstab (dem „Zauberstab der Hausfrau", gell!) pürieren. Eier, gehackte Kirschen und einen guten Schuß Kirschwasser dazu geben und die Masse kalt schlagen. Geschlagene Sahne unterheben, die Mischung in eine längliche Form geben und tiefkühlen. In Scheiben schneiden und mit heißem Kirschenkompott servieren. Ohne Zucker und Kirschen = ein Zwischengang.

Orangensalat

-eZ-

8 Blutorangen (Apfelsinen tun's auch) *20 schwarze Oliven* *200 g Ricotta oder Mozzarella* *1 EL Olivenöl* *Pfeffer & Salz*	Orangen in feine Scheiben schneiden. Alles vorsichtig durchmengen und möglichst attraktiv servieren (Zitat Emil: „Ja, ich weiß nicht, wie Sie aussehen!").

Panna cotta

-lsv, f-

Für ca. 8-9 Portionen: *5 Blatt Gelatine* *1 l Sahne* *3 Vanilleschoten* *2 EL Puderzucker* *100 g Zucker* *Amarettolikör*	Gelatine einweichen. Sahne mit dem Mark der Vanilleschoten aufkochen und mit Puderzucker abrunden. Zucker karamelisieren und in die Förmchen füllen. Sahne etwas abkühlen lassen, aufgeweichte Gelatine unterrühren, in die Förmchen gießen und im Kühlschrank einige Stunden oder über Nacht gelieren lassen. Amarettolikör auf die Teller geben, Panna cotta aus den Förmchen drauf stürzen und essen. *Varianten:* - ohne Karamel aber dafür mit frischen Beeren. - anstelle von Vanille sehr starken Espresso zur Sahne geben (dann evtl ein Blatt Gelatine mehr nehmen). TIP: Ich gebe die Vanilleschoten mit in den Topf, um das kostbare Mark ganz aufzufangen.

Zahnarzt - sollndes?

Es gibt eine Spezies Mensch, die zu den tückischsten, infamsten, gemeinsten, elendsten und miserabelsten gehört. Ich meine den Zahnarzt. Zahnärzte weiden sich am Schweiß der Gefolterten, sie schauen einem in die vor Angst weit aufgerissenen Augen, sie halten die Spritze hinterm Rücken, sie lieben den Geruch von verbranntem Schmelz, sie lassen einen in unsäglich schmeckende weiche Plastikmassen beißen, sie beurteilen einen nach dem Gebrauch der Zahnbürste, und sie geben einem immer das Gefühl, falsch angezogen zu sein. Da liegst du nun, weißes Schlabberlätzchen um - auch so eine infame Infantilisierung, die einem dieser sogenannte Arzt zumutet - und hast nur den einen Gedanken: sind meine Schuhe geputzt? Ist Ihnen schon mal aufgefallen, daß alle Zahnärzte einem zuerst auf die Schuhe schauen? Sie lesen daran die Kreditwürdigkeit des Patienten ab, ein Relikt aus früheren Zeiten, wo der Patient noch direkt bezahlen mußte. Noch nicht mal diese schlechte Angewohnheit haben sie ablegen können. Der nächste Gedanke ist: hab' ich den Reißverschluß der Hose zu? Denn alle Zahnärzte sind potentielle Wüstlinge, ihr Blick schweift von den Schuhen an der Hose entlang langsam zum Operationsgebiet, das man schon seit zwanzig Minuten weit aufgerissen ihm darbietet, und man ahnt: hier spielt ein Kind, das noch nichts von Sex weiß, eines der sexuellsten Spiele der Welt mit einem: Doktor-Spielen. Zahnärzte sind auf der Stufe des Achtjährigen stehengeblieben. Sie haben die kindliche Freude am Herumstochern nie ablegen können, sie genießen es, im Matsch zu spielen und je mehr der Matsch, sprich: ein eiternder Zahn, stinkt, um so lieber ist er ihnen. Dann gehen sie ganz in ihrem Beruf auf und zeigen einem noch das Objekt ihrer Begierde: den

Semifreddo vom Kaffee

-lsv-

Für ca. 20 Personen: *460 g Zucker* *0,1 l Wasser* *20 Eigelb* *1,2 l Schlagsahne* *13 EL starker Espresso* *0,1 l Rum* *0,1 l Café-Likör* *2 EL Kirschlikör (oder Kirschwasser)*	360 g Zucker mit Wasser zu einem Sirup aufkochen (er muß als Faden vom Löffel laufen). Währenddessen 20 Eigelb mit 100 g Zucker in der Küchenmaschine schaumig rühren. Die Schlagsahne schlagen, aber nicht zu steif. Den Espresso und die Alkoholika unterrühren. Den Zuckersirup in feinem Strahl heiß unter die Eigelb mischen (während die Küchenmaschine läuft) und im Eiswürfelbad kalt rühren. Dieses dann zur Sahne-Jubel-Mischung geben und in verschiedene Formen geben. Dazu eignen sich Kastenformen, Terrinen, auch Rührschüsseln aus Edelstahl oder Vorratsdosen aus Edelstahl. Ab mit der Masse für 4-5 Stunden in den Tiefkühler. Dann mit Mascarponesauce servieren.

Aprikosen in Grappa

-lsv-

12 g getrocknete Aprikosen (entsteint) *1/4 l gute Grappa* *frische Minzblätter*	Die Aprikosen in der Grappa 15 Tage ziehen lassen. Dann mit vielen frischen Minzblättern servieren.

herausgezogenen Zahn, mit so einfühlsamen Sätzen à la XY-Zimmermann: „Da hätten wir den Übeltäter." Sie haben einen mittelalterlichen Horror-Handwerkskasten mit Zangen, Schienen, Klammern und Eisen, ja, ich gebe alles zu, ich habe die Kuh des Nachbarn verhext, sie legt jetzt Eier statt Milch zu geben, nein, vergebens mein Geständnis, klar, war bei den Hexen auch so, je mehr sie gestanden haben, um so mehr wurden sie gefoltert. Jetzt holt er die Klammer, sperrt sie in meinen Mund, damit ich ihn nicht mehr schließen kann, saugt mir meinen Speichel ab - auch so eine Art technisierter Erotik: der Zungenkuß à la Inquisition - stopft mir Watte in die Backen, schon beim Sprechen darüber läuft es mir wie Ameisen den Rücken hinunter, und dann der große Moment: Karajan hebt den Dirigierstock, Käpt'n Kirk setzt dem Alien das Messer auf die Brust, Helmut Kohl schiebt den Stimmzettel in die Urne und darauf steht nichts als: ICH! - mein Zahnarzt holt die Zange. Leuchtenden Auges mustert er mich, (Schwitze ich auch genug? Stinke ich gar vor Angst? Der kalte Schweiß auf der Stirn des Patienten stellt einen der seltenen absoluten Höhepunkte im Leben eines Zahnarztes dar, ich meine den richtigen kalten Schweiß: klebrig bricht er sich Bahn auf der Stirn, das Juwel der Sterbenden, ER, der Zahnarzt, darf dieses Geschenk sein eigen nennen!) und jetzt, JETZT!, führt er die Zange in meinen Mund, nicht ohne sie mich süffisant für einen Augenblick - WAS FÜR EIN AUGENBLICK!!- sehen zu lassen, wie zufällig, HA! er hat DE SADE vor- und rückwärts gelesen!, führt er sie an meinem Blick vorbei und dann ein Augenblick der Konzentration. Jetzt ist ZEN angesagt: die Kunst des Zahnziehens. Er legt die Zange auf den Zahn, liebevoll packen ihre Backen um meinen Schmelz, er beugt sich vor, schaut mir in den Mund, seine Wimpern berühren fast mein Zäpfchen - UM GOTTES WILLEN! HAT DIESER MENSCH DENN GAR KEINE SCHAM? - ja, steht auf seiner Stirn - das einzige, was ich von ihm sehe - geschrieben, ja, die

Sommerliche Traubenterrine

-lsv-

600 g gemischte
Weintrauben (kernlos)
50 g Zucker
1 Päckchen Vanillezucker
2 Zweige Zitronenmelisse
8 Blatt weiße Gelatine
1/2 l Prosecco
etwas Sahne oder Crème
double

Weintrauben halbieren und entkernen. Mit Zucker und Vanillezucker vermengen. Die Zitronenmelisse in feine Streifen schneiden und dazugeben.

Die Gelatine in ein wenig kaltem Wasser einweichen, tropfnaß in einen Topf geben bei schwacher Hitze auflösen. Den Prosecco vorsichtig eingießen (sollte man ja immer, egal, ob es sich um ein Glas oder einen Topf handelt, oder?!).

Etwas von der Flüssigkeit in eine Terrinenform oder Schüssel (ca. 1 l Inhalt) geben und gelieren lassen.

Die Trauben nun abgetropft in die Form geben, den Prosecco mit dem Saft (der Trauben) verrühren und drübergießen. Alles über Nacht im Kühlschrank gelieren lassen.

Die Form stürzen (kurz unter warmes Wasser halten!). Im Ganzen servieren oder mit einem scharfen Sägemesser in Scheiben schneiden.

Halbsteif geschlagene Sahne oder Crème double (abgerundet mit ein paar Tropfen süßen Mandellikörs und Zucker) dazu servieren. Melissenblättchen als Garnitur runden das Bild ab.

TIP (von Horst):
Wenn man den Zucker wegläßt - ein Zwischengang.

Zange sitzt richtig. Er streckt sich zu voller Größe, jetzt kommt sein Moment: Kraft, Können, Heil-
kunde, das Wissen von 5000 Jahren Menschheit, denkt er, leben in diesem Augenblick wieder auf, in
ihm: er beugt sich noch weiter nach oben und jetzt, JETZT, dreht er die Zange mit festem Griff,
zieht, ruckt, dreht erneut, zieht wieder, ein leises Knirschen, das unerträglichste Geräusch auf diesem
Planeten, fährt durch meinen Kopf, und dann der Moment der höchsten Energie: der Zahn hat schon
etwas nachgegeben, aber jetzt muß der Zahnarzt noch einen zulegen. Er muß es allerdings tun, ohne
meinen Schädel zu spalten, eine schwere Aufgabe. Der Arm zittert bewegungslos, einen Moment
lang tut sich überhaupt nichts in meinem Mund, ich will ihm meinen Zahn nicht lassen, heimlich
schiebe ich meinen Kiefer nach oben, um den Zug etwas zu erleichtern, den seine Zange ausübt. Der
Zahnarzt merkt das, und ab hier wird der Kampf des Zahnarztes mit dem Zahn zum Kampf zwischen
ihm und mir. „Gibst Du ihn her?" „Nein! Niemals!" „Und du gibst ihn her!". Ich weiß, daß ich der
Verlierer sein werde, ich male mir aus, daß ich ihm ans Schienbein trete, um mich schlage, seine
Zange durchbeiße, meine Bilder geraten mir durcheinander, DA! ein Ruck und blitzenden Auges hält
er mir meinen Zahn, MEINEN ZAHN, vor die Augen. Triumph leuchtet in seinen Augen. Was ein
schäbiger Triumph. Der Sieg des Telefons über die Buschtrommel. Und dann - natürlich - der Satz
aller Zahnärzte: „Da hätten wir den Übeltäter." Nein! Nein! Und nochmals: nein! Mein Zahn war
kein Übeltäter und Zahnärzte: was sollndes?! Früher gab es Euch auch nicht und die Menschheit ist
nicht daran zerbrochen. Ich fordere die Abschaffung aller Zahnärzte. Zahnschmerzen sind zwar grau-
enhaft, aber: ohne Schmerzen kein Fortschritt. Also dann: weg mit dieser Deformation der Spezies
Zweibeiner. Meiner hat übrigens einen Spruch drauf, der sich gewaschen hat: "Ich hätte Sie gar nicht
erkannt, aber jetzt ... am Mundgeruch ... !" So sind sie, ich schwör es Ihnen!

Flan mit Orangensauce (Mikrowelle)

-f-

100 g Zucker (karamelisiert) *1 unbehandelte Orange* *60 g Zucker* *3 Eier* *2 Eigelb* *1/2 l Milch* *1 Vanilleschote* *6 cl Marsala*	Den Zucker karamelisieren und in 8 Förmchen gießen. Schale der Orange fein abreiben, zur Milch geben, den Zucker, die Eier und die Eigelb sowie die aufgeschlitzte Vanilleschote beigeben. Marsala hinzufügen (was feiner schmeckt als Grand Marnier, der einen sehr kräftigen Orangengeschmack ergibt). Alles erhitzen und dann kalt schlagen. In die Förmchen geben und bei 600 Watt ca. 12 Minuten im Wasserbad in die Mikrowelle stellen. Es geht auch ohne Mikrowelle: dann müssen die Förmchen ca. 45 Minuten bei 200 Grad im Wasserbad in den Ofen gestellt werden, damit die Masse pochiert werden kann.
Sauce: *0,15 l Orangensaft (Blutorange am besten)* *Grand Marnier* *50 g eiskalte Butterflöckchen*	*Sauce:* Den Orangensaft erhitzen, mit Grand Marnier abschmecken und die eiskalten Butterflöckchen unterziehen. Die Förmchen stürzen, mit Juliennestreifen der Orange garnieren, Sößchen drumherum und auf den Tisch!

Birnen in Rotwein

-eZ-

6 Birnen *(1 kleine Birne pro* *Person)* *2 Zimtstangen* *1/2 l guter Rotwein* *(Chambertin muß es aber* *auch nicht sein!* *Obwohl ...!)*	Birnen im Rotwein und Zimt weichkochen. TIP: Sind sie fest, müssen die Birnen richtig kochen. Sind sie weich, dann sollte man sie nur ziehen lassen.

Die flotte Schoko aus der Mikrowelle

-eZ-

50 g ungeschälte, gemahlene Mandeln 50 g Butter 50 g zartbittere Schokolade 50 g Zucker 3 Eigelb 1 EL Semmelbrösel 3 Eiweiß	Butter und Schokolade bei 600 Watt ca. 1 1/2 Minuten schmelzen. Diese Masse mit Zucker, Eigelb, Mandeln und Semmelbrösel in der Küchenmaschine verrühren. Eiweiß steif schlagen und vorsichtig unter die Schokomasse heben. Diese Masse in 6 Porzellanförmchen geben (vorher fetten!) und mit Puderzucker bestreuen. Bei 600 Watt 2 Minuten lang stocken lassen, dann bei 360 Watt in 4 Minuten fertig garen. Das Ganze in einen kleinen Schlagsahne-Teich setzen (leicht aufgeschlagene Sahne) und eine Schokoladensauce drüberziehen.

Arme Ritter

-eZ-

8 Scheiben altbackenes Weißbrot 1/2 l Milch 3 Eier 1 1/2 EL Vanillezucker Zimt & Zucker gute Butter	Milch, Eier und Vanillezucker miteinander verrühren. Die Weißbrotscheiben reinlegen und einweichen (ein paar Minuten lang), bis die Flüssigkeit aufgesogen ist. Die Scheiben in Butter braten und mit Zimt und Zucker bestreut servieren.

Passha

-lsv-

250 g Korinthen	Korinthen im Portwein gut 1/2 Stunde quellen lassen.
1/8 l Portwein	Eigelb mit dem Zucker (250 g) schaumig rühren, die Butter
10 Eigelb	unterrühren, den Safran dazugeben und Muskatnuß, Mandeln
250 g Zucker	und das Mark der beiden Vanilleschoten hinzufügen. Je nach
500 g weiche Butter	Geschmack können Zitronat, Orangeat und Kirschen feingehackt
3-4 Briefchen Safran	dazugemengt werden.
etwas frische Muskatnuß	Den Sahnequark (wer's nicht ganz so üppig mag, kann auch
50 g gemahlene Mandeln	Magerquark nehmen; dann kann auch die Buttermenge um die
2 Vanilleschoten	Hälfte reduziert werden) und die abgetropften Korinthen unter
je 30 g Zitronat, Orangeat	diese Masse rühren.
und kandierte Kirschen	Einen Tontopf (18 cm Durchmesser) mit einem feuchten
1 kg Sahnequark (40%)	Mulltuch auslegen, die Masse hineingeben, das Tuch oben
1 unbehandelte Zitrone	zuschlagen, den Topf zum Abtropfen in eine Schüssel geben und
1 unbehandelte Orange	mit einem Stein (oder einer Konservendose o.ä.) beschweren. 2-3
500 g Zucker	Tage abtropfen lassen.
0,5 l Wasser	Dann die Masse aus der Form stürzen.

Die Zitrone und die Orange in Scheiben schneiden und ca. 15
Minuten lang in Wasser und Zucker köcheln lassen (der Zucker
sollte zähflüssig sein). Dann die Scheiben auf ein Gitter legen und
trocknen lassen. Damit die Passha dekorieren.
Abgezogene Mandeln und/oder halbierte kandierte Kirschen sind
als Dekoration auch recht ansehnlich.

Dieses russische Osterrezept sollte man sich für Tage
vorbehalten, von denen man jetzt schon weiß, daß man:
a) eine gesunde Galle,
b) einen gesunden Hunger,
c) genügend Digestiv im Hause hat.

Tarte Tatin (Äppeltaat)

-f-

Mürbteig:

200 g Mehl
100 g kalte Butter
1 Eigelb
Prise Salz
1 Prise Zimt
2 TL feiner Zucker
ca. 3 EL kaltes Wasser

Für oben drauf:

10-15 Äpfel
200 g Zucker
150 g Butter
1/4 l Crème double
1/4 l Schlagsahne
1 Vanilleschote
etwas Vanillezucker

Aus den angegebenen Zutaten einen Mürbteig kneten und kalt stellen.
Äpfel schälen und würfeln. Mit dem Zucker und der Butter in eine feuerfeste Form geben (26 cm Durchmesser und nicht zu niedrig, damit der Zucker mit dem Saft der Äpfel nicht über den Rand läuft), auf den Herd stellen und karamelisieren. Die Äpfel müssen weich und gut gebräunt sein.
Ofen auf 200 Grad vorheizen.
Den Mürbteig in Größe der Form ausrollen und auf die karamelisierten Äpfel (in der Form) legen. Nun den Kuchen ca. 20 Minuten backen. Etwas auskühlen lassen und das Ganze stürzen. Warm oder kalt servieren.

TIP:
Lassen Sie beim Mürbteig einen kleinen Rand rundherum, den können Sie dann an den Seiten noch über die Apfelmasse stülpen, quasi als Rand.

Schön auch:
Crème double und Schlagsahne mit dem Mark einer Vanilleschote und etwas Vanillezucker steif schlagen und als Beilage servieren.
Für Verzier-Naturen: diese Masse in einen Spritzbeutel füllen, Ziertüllen unten dran (z.B. Sternchen) und damit die Tarte Tatin dekorieren.

Möhren- oder Rübli-Torte

-f-

300 g junge Möhren
1 1/2 EL Zitronensaft
6 Eier
100 g Zuckerrohrgranulat
2 Vanilleschoten (Mark)
1/4 TL Ingwer
1/4 TL Zimt
1 Prise Muskatnuß
1 EL Kirschwasser
1 1/2 TL Zitronenschale
60 g Weizenvollkornmehl
1 TL Weinsteinbackpulver
250 g geriebene Mandeln
50 g Puderzucker
Mandelblättchen
Orangen-Julienne-
Streifen
Aprikosenmarmelade

evtl.:
200 g Marzipanrohmasse
100 g Puderzucker
dunkle Kochschokolade

Möhren feinraspeln und mit dem Zitronensaft vermengen. Eier trennen.
Zuckerrohrgranulat, 6 Eigelb, Vanilleschotenmark, Ingwer, Zimt, Muskatnuß, Kirschwasser und Zitronenschale in der Küchenmaschine schaumig rühren und mit den Möhren vermengen. Mehl, Backpulver und geriebene Mandeln unterheben.
6 Eiweiß mit dem Puderzucker steif schlagen und vorsichtig unter die Masse heben.
Eine Springform (26 cm Durchmesser) fetten und mehlen, die Masse einfüllen und in den kalten Ofen schieben. Jetzt auf 175 Grad stellen und 60 Minuten backen.

Verfeinerung: In der Zwischenzeit die Marzipanrohmasse mit dem Puderzucker gut durchkneten, bis eine glatte Masse entstanden ist. Ausrollen und mit dem Boden der Springform (wenn der Kuchen fertig ist) ein kreisrundes Stück ausstanzen.
Den Kuchen aus der Springform lösen und oben dünn mit guter Aprikosenmarmelade bestreichen. An den Rand Mandelblättchen applizieren. Die Orangenstreifen oben drauflegen. Evtl. mit etwas Kakao bestreuen.

Verfeinerung: Den Kuchen in der Mitte durchschneiden und die Marzipanmasse zwischen die beiden Kuchenhälften legen. Mhmmm!

Jetzt das Ganze - wenn es janz doll sein soll - mit einer Kuvertüre aus dunkler Schokolade (einfach etwas Kochschokolade vorsichtig in etwas Wasser schmelzen lassen) bedecken.

Wer künstlerisch begabt ist, kann aus den Resten der Marzipanmasse zusammen mit Lebensmittelfarben kleine Möhrchen, Vögelchen oder sonstwas formen und applizieren.

Von Fußspuckern und Poküssern, 1.Teil

Warum hat eigentlich der Mund das Rennen gemacht? Der alte Maulaffenfeilhalter hat es zwar immer schon verstanden, die Aufmerksamkeit auf sich zu ziehen, aber wie um alles in der Welt hat er es geschafft, die Nr.1 der Körperöffnungen zu werden? Warum essen wir nicht wie die Fliegen mit der Nase, singen wir nicht wie die Grillen mit den Beinen, atmen wir nicht wie die Gelbrandkäfer mit dem Po, küssen wir nicht wie die Schnecken mit dem Bauch, spucken wir nicht wie die Spinnen mit den Füßen, essen wir nicht wie die Amöben mit dem ganzen Körper oder pfeifen wir nicht wie die Spechte aus dem letzten Loch? Nein, alles das macht bei uns der Mund und noch viel mehr. Er holt Luft rein und läßt Luft raus, er trinkt, er saugt, er speichelt ein, er kaut, er ißt, er mampft, er würgt, er spricht, er stößt auf, er singt, er rülpst, er schmollt, er bricht, er pfeift, er spuckt, er küßt, er lutscht, er streckt die Zunge raus, er hickst, er gurgelt, er prustet, er geht auf, bleibt offen stehen und geht wieder zu, um nur einige seiner Tätigkeiten zu nennen. Warum diese Fülle? Die Natur ist doch sonst überall vom Prinzip der Spezalisierung beseelt, bis hin zur Tatsache, daß Rechtshänder sich mit der linken Hand noch nicht mal schneuzen können. Warum also einem Organ, das so gar nichts Bestechendes aufzuweisen hat, diese Fülle von unterschiedllichsten Aufgaben zuteilen? Zugegeben, jeder lebendige Körper ist im Grunde Schlauch: oben geht's rein, unten geht's raus und vom Dazwischen lebt das Teil. Aber spräche das nicht eher für die Gleichberechtigung der beiden Öffnungen, die den Schlauch begrenzen? Dem ist aber nicht so. Im Vergleich mit den anderen Öffnungen besitzt der Mund ein Übergewicht, das jedem vernünftigen Körperdesigner als vollkommen unberechtigt auffallen muß.

Omelette surprise

-f, lsv-

Biskuit-Teig:

7 Eier
Schale einer
ungespritzten Zitrone
100 g Zucker
1 EL Cognac
100 g Mehl
etwas Mandeln und
Pistazien

Italienische
Baiser-Masse:

200 g Puderzucker
0,125 l Wasser
4 Eiweiß
Mark einer Vanillestange
(oder 1 TL Vanilleessenz)

Eis:

500 ml Ihres
Lieblingseises

Backofen auf 225 Grad vorheizen.

Die Eier trennen. Eigelb und Zucker mit der Zitronenschale schaumig rühren und mit dem Cognac (Erdbeergrappa kommt auch gut) abschmecken.

4 Eiweiß zu Schnee schlagen, auf die Eigelbmasse geben, Mehl darüberstäuben und vorsichtig unterheben. Diese Masse auf ein Backblech (Tip: mit Backpapier!) streichen und Mandeln und Pistazien darüber streuen.

Alles 12-15 Minuten bei 225 Grad backen.

Baiser-Masse:

Den Puderzucker im Wasser erhitzen, bis er sich aufgelöst hat. Jetzt den Sirup zum Kochen bringen und mindestens 15 Minuten lang (ohne zu rühren) kochen lassen. Fertig ist es, wenn (Probe!) ein zähflüssiger Faden vom Löffel läuft.

Die Eiweiß in der Zwischenzeit zu Schnee schlagen (sehr steif), einige Spritzer Zitrone zugeben und den heißen Läuterzucker in dünnem Strahl (am besten in die Mitte der Masse) unter ständigem Rühren hinzufügen.

Etwa 5 Minuten über Eiswasser weiterschlagen bis die Masse abgekühlt ist. Vanillemark unterrühren.

Den fertig gebackenen Biskuit - Teig aus dem Ofen nehmen. Zuerst den Boden je nach Größe des Eiswürfels etwas größer ausschneiden, tiefgefrorenes Eis drauflegen und aus dem restlichen Biskuit-Teig die Seitenwände und den Deckel schneiden.

Jetzt die Baiser-Masse mit einem Spatel auftragen (KochkünstlerInnen schaffen es sogar, auch die Seiten mit Baiser zuzukleistern, hier sind mehr die Maurer-Naturen gefragt), mit einem Löffel leise Muster eindrücken und das Ganze im Backofen (Grill volle Möhre auf Stufe 1!) goldgelb bräunen lassen. Dann aber sofort servieren.

Wer Erfahrung mit Spritztüten hat, kann die Masse auch künstlerisch auftragen.

Sollten Sie das Omelette surprise einfrieren wollen (was auch geht), vergessen Sie nicht, ein Stück Pappe o.ä. unter den Biskuitboden zu legen. Sonst bleibt der Boden im Tiefkühler und das Eis fällt auf dem Weg zur Gästetafel auf den Boden. Auch nicht schön, oder?!

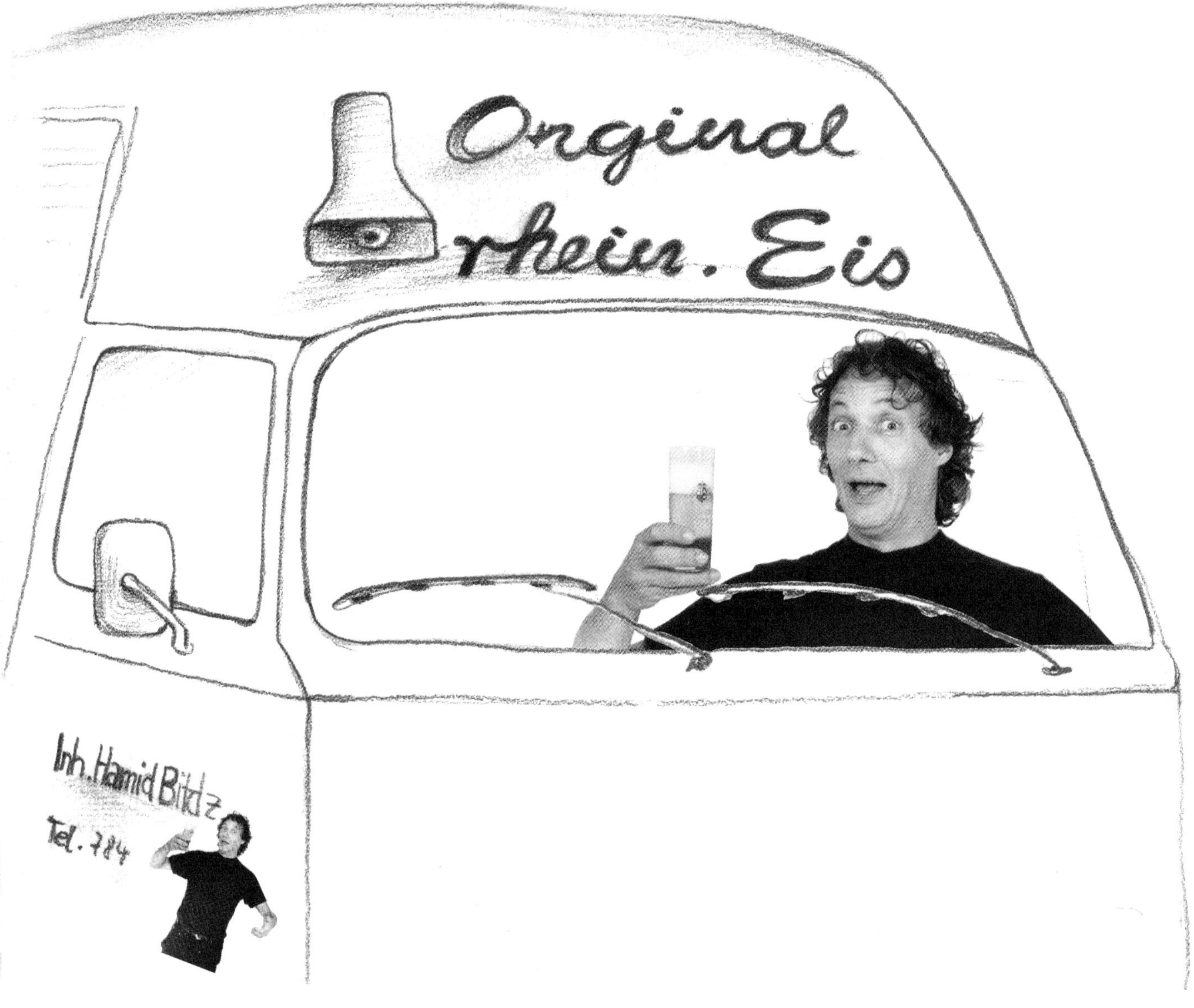
Orginal
rhein. Eis
Inh. Hamid Bildz
Tel. 784

Von Fußspuckern und Poküssern, 2. Teil

Weil er so viele Funktionen hat, kann er von allem nur das Nötigste. Kann er gut sprechen, ist er ein schlechter Gourmet, kann er gut essen, holt er an der falschen Stelle Luft, kann er gut Luft holen, kann er schlecht küssen, kann er gut küssen, ist er ein schlechter Brecher und so fort. Kurz, er taugt, genau besehen, zu allem etwas und zu nichts ganz.

Auch ästhetisch gesehen ist er nichts Halbes und nichts Ganzes. Ich bitte Sie: mitten im Gesicht quellen einem da plötzlich zwei schlecht abgebundene Fleischwülste heraus, mal schmal, mal üppig, meist fettig-feucht schimmernd, als hätten sie sich eben noch an was ölig-Glibbrigem vergangen, das ist doch hanebüchen bis zum Geht-Nicht-Mehr! Kein Wunder, daß Frauen durch High Heels und kurze Röcke davon abzulenken versuchen und Männer dieses Organ hinter Handys zu verstecken trachten. Wie elegant dagegen die Rose! Nahrungsaufnahme und Ausscheidung werden unterirdisch erledigt: das sieht keiner, das riecht keiner und funktioniert dennoch 1a. Und oben, wo es schön sein soll, ist es das auch. Zarte Blätter, herrliche Farben und wehrhafte Dornen. Gut, sie kann weder sprechen noch laufen. Aber schöner ist es doch allemal, oder? Der Mund ist nichts als vulgäre Karikatur der anderen Öffnungen: nicht so stereo wie die Ohren, nicht so feingliedrig wie die Nase, nicht so intim wie andere. Es muß also irgendwas geben, was der Mund hat und die anderen nicht, damit er diese herausragende Stellung bekommen konnte. Und das sind weder die Zunge noch die Zähne, weder der Gaumen noch die Speicheldrüse, weder die Mandeln noch die Eustachische Röhre (die ursprünglich nur als Überlauf gedacht war: wes des Mund voll ist, quillt das Ohr über), es ist vielmehr das Zäpfchen.

Prummetaat

-eZ-

10 g Hefe *1/4 l Milch* *300 g Zucker* *3 Eigelb* *1 Vanilleschote* *Marzipanrohmasse* *150 g Butter* *500 g Weizenmehl* *1 kg Pflaumen (Prumme)*	Hefe in Milch auflösen, Zucker, Eigelb und Vanillemark zugeben. Schaumig gerührte Butter untermengen, abwechselnd Mehl und Milch untermengen und das Ganze gut gehen lassen. Den Teig ausrollen. Eine dünne Schicht Marzipan drauf streichen und - wer mag - auch etwas Aprikosenmarmelade. Dicht mit den entsteinten Pflaumen belegen und backen.

Quittenpaste

-lsv-

2 kg Quitten *750 g Honig* *1/2-1 TL Zimt* *150 g geschälte, gehackte* *Mandeln* *Zucker* *Lorbeerblätter* *Zitronensaft*	Ofen auf 200 Grad vorheizen. Quitten ca. 50 Minuten im Ofen backen bis die Schale dunkelbraun ist. Abkühlen lassen und die Schale abziehen. Quitten vierteln, Kerngehäuse entnehmen und das Fruchtfleisch pürieren. Dieses mit dem Honig vermischen (evtl. mit Zitronensaft abschmecken), in einem schweren Topf bei schwacher Hitze ca. 1 1/2 einkochen und rühren, rühren, rühren...! Nach 1 Stunde Zimt zufügen. Mandeln in einer Pfanne leicht rösten und unter die Quittenpaste rühren. Diese Paste auf kalt abgespülte Backbleche verteilen, mit einem Tuch abdecken und einige Tage (maximal 4 Wochen) trocknen lassen. Dann in Karos schneiden, mit Hagelzucker bestreuen und mit gerösteten Mandelsplittern garnieren.

Von Fußspuckern und Poküssern, 3.Teil

Das Zäpfchen ! Ein Wunder-Organ. So unscheinbar sieht es aus und hat es doch faustdick hinter den Ohren. Das Zäpfchen ist die intelligente Kommandozentrale des tumben Mundes. Ohne es wäre der Mund schon beim Frühstücksbrei hilflos. Das Zäpfchen befiehlt: „Mund zu!" wenn es zieht oder wenn der Mund voll ist. Das Zäpfchen befiehlt: „Mund auf!" wenn was von unten kommt. Das Zäpfchen verquirlt den Mundinhalt, um auch noch die letzten Geschmacksnerven zu kitzeln und zu erfreuen. Das Zäpfchen hält den Deckel zu, wenn Wörter heraus wollen, die nicht heraus sollen, das Zäpfchen macht den Triller und das R. Es hält die Ohren von innen sauber (nachts, wenn's keiner merkt, macht es sich lang und erledigt diese dem Tagesbewußtsein unangenehmen Aufgaben diskret und effektiv) und hält die Mandeln in Schwung (nohm Motto: usseander, ihr zwei, do kütt eine Schluck Kölsch!). Das Zäpfchen schließlich hat ganze Sprachfamilien erfunden, ich sage nur Aachen, Mekka und Mönchengladbach. Und anderen hat es den Zugang zur höchsten Vollendung des Sprechens verwehrt. „Ich sage nur: China, China, China", (frei nach Kiesinger).

Orangen-Safran-Parfait

-f, lsv-

0,1 l Orangensaft
(Blutorange)
3 EL Zitronensaft
3 Briefchen Safran
3 EL Orangenlikör
100 g Zucker
5 Eigelb
0,375 l Schlagsahne
3 unbehandelte Orangen
Zitronenmelisse

Sauce:
6 unbehandelte Zitronen
200 g Zucker
Julienne-Streifen von 1/2
Zitrone
1 EL Speisestärke

Zucker mit Orangensaft, Zitronensaft und Safran einmal aufkochen lassen, dann den Orangenlikör zugeben. Vom Herd stellen.

5 Eigelb in eine Rührschüssel geben und über ein heißes Wasserbad stellen. Nach und nach mit dem Handrührgerät den Orangen-Safran-Sirup hinzumengen. So lange rühren, bis die Masse fast kocht. Dann in einem Eiswasserbad kalt rühren.

Die Sahne steif schlagen und unter die Eimasse ziehen (meine Mutter, die eine veritable k.u.k. Köchin ist, sagte immer: "Nur mit der Gabel, Konnele, nur mit der Gabel unterziehen, alles andere isch ein Verbrechen!").

Nun alles in eine vorgekühlte Eisbombenform (ohne Lunte!) geben und 3-4 Stunden in den Tiefkühler stellen.

Danach das Parfait im Kühlschrank antauen lassen, damit es sich stürzen läßt (man kann - falls man eine Form aus Metall gewählt hat - das Ganze auch kurz unter heißes Wasser halten). Das Parfait nun auf eine flache Schüssel stürzen (nicht vergessen: die Schüssel oder den großen Teller vorkühlen!).

Drei Orangenschalen in Streifen schneiden und das Fleisch filetieren (d.h.: zwischen den Trennhäuten auslösen).

Das gestürzte Parfait mit der Sauce, den Orangenfiletscheiben, den Orangenschalenstreifen und mit frischer Zitronenmelisse garnieren.

Die Sauce läßt sich vorher zubereiten:

Die Zitronen auspressen und mit dem Zucker erwärmen, bis der sich aufgelöst hat. Julienne-Streifen dazugeben und mit der Speisestärke leicht verdicken. 3 Minuten bei mittlerer Hitze kochen und mit Orangenlikör abschmecken (falls noch was Likör übriggeblieben ist!).

Von Fußspuckern und Poküssern, 4.Teil

Aber was muß es erdulden! Keiner beachtet es, keiner nimmt es ernst, keiner nimmt auf es Rücksicht. Und oft genug passiert, was einem guten Bekannten von mir geschah: er mußte seine Mandeln herausnehmen lasen. Alles war vorbereitet, der Patient in Narkose, es konnte losgehen. Da wurde der HNO-Arzt weggerufen, sein Vorgänger, der gerade dem Krankenhaus einen Besuch abstattete, mußte ihn vertreten (so nach dem Motto: „Wo Sie grad da sind, Herr Kollege, könnten Sie vielleicht eben mal dem Herrn die beiden Mandeln...?", „Ja, Herr Kollege, ich bin aber schon 70!", „Nehmen Sie doch den größeren Mundschutz, dann sieht das keiner."). Freudig erregt greift er zum scharfen Löffel, einmal die Hafenrundfahrt und fertig war die Laube. Jahre später plagten meinen Bekannten wieder Angina und Halsschmerzen. Er geht zum Arzt. „Tja, da müssen aber mal ganz schnell die Mandeln heraus!", „Wie: Mandeln heraus? Die sind doch draußen!", „Von wegen: die sind drin. Dafür ist aber kein Zäpfchen mehr da!" So lebt dieser Unglückliche heute ohne Mandeln und Zäpfchen.

Fazit: Ernährung mit dem Strohhalm, wenn Bissen, dann nur kleine und so weiter und so weiter. Und das Schlimmste: „Jeder, dem ich das erzähle, lacht sich halb tot!" Na, wenn das nicht weh tut.

Das Hohe Lied des Zäpfchens muß noch geschrieben werden. Ich wollte in diesem bescheidenen Rahmen nur mal darauf hingewiesen haben. Sollen Sie, geneigte Leserschaft, Anregungen, Geschichten, Hinweise zum Thema „Zäpfchen" haben: bitte schreiben Sie dem Verlag (steht vorne drin). Ich bin bei der Zusammenstellung einer Rehabilitationsschrift für dieses wunderbare Organ auf Ihre Hilfe angewiesen. Danke.

Weckmänner

-eZ-

600 g Mehl *25 g Hefe* *100 g Zucker* *1/4 l lauwarme Milch* *2 Eier* *75 g Butter* *Prise Salz* *1 Zitrone (unbehandelt)* *1 Briefchen Safran* *evtl. Mandeln und* *Korinthen*	Mehl, Hefe, 1 TL Zucker und etwas von der Milch zu einem Vorteig verrühren. Zugedeckt an warmem Ort gehen lassen (aber gucken, wohin er läuft!), bis sich das Volumen verdoppelt hat. Eier, handwarme Butter, Safran, abgeriebene Zitronenschale zugeben, den Teig gut verrühren und nochmal gehen lassen (warm abdecken). Dann 1 cm dick ausrollen. Figuren formen (da kann man auch Schablonen aus Pappe zurechtschneiden oder, schöner, den Kindern und ihrer Kreativität freien Lauf lassen). Mit verquirltem Eigelb bepinseln, eventuell mit Korinthen und Mandeln verzieren und bei 200 Grad ca. 15-20 Minuten im Ofen backen.

218

Saucen und Marinaden

Tabus in Würfeln

Sagen Sie bloß, Sie hätten sie nicht auch zu Hause in Ihrer Küche, die kleinen Packungen oder Gläschen: „einfach einstreuen und aufkochen lassen"! Die fixen Saucenmacher und -binder, die „Unaussprechlichen" der Küche. Jeder hat sie, jeder verwendet sie, keiner gibt es zu. Guckt man aber bei Freunden mal heimlich in den Küchenschrank, ganz hinten, hinter den Marmeladengläsern und dem Lorbeer, da stehen sie dann. Weil die Hersteller um dieses Geheimnis wissen, liefern sie ihre Produkte in kleinen Packungen, Würfelchen und Gläschen, die man überall verschwinden lassen kann. Tja, Freunde, die Miracoli-Zeit ist vorbei, in der man offen und jedem sichtbar mit diesen Zutaten hantieren konnte. Der Ehrgeiz, alles selbst gemacht zu haben, hat von uns Besitz ergriffen. Komisch, daß es dabei ausgerechnet diese kleinen Helfer erwischt hat. Ich gebe offen zu: mir ist fast noch nie eine Sauce gelungen, die ich hätte vorzeigen können. Mit diesen Helfern aber: Oha! Ich bin für den Würfel, das Saucen-fix, das Streupulver! Ich finde, daß es manche Dinge gibt, auf deren Erfindung man stolz sein kann. Den Strom, den ich mir aus der Steckdose hole, stelle ich ja auch nicht selbst her. Deshalb kann ich zu den nun folgenden Rezepten nur bedingt was sagen, weil, wie gesagt, das gibt es auch zu kaufen. Oder?!

Öl aromatisieren

-eZ-

Kauffse ein Kanister Olivenöl, woll, und tusse dat auf divease Flaschen füllen. Un gezz kommtet: inne Flaschen herein gibbse die Kräuter. In dat grüne Fläschsken tusse bißgen Rosmarin, in dat rote kannze Knoblauch tuen un innet weiße bisse Estragon am reinstopfen. Nur musse die Kräuter halt ebends vorher gut gesäubert haben, sons kriechse volles Leben inne Pulle!
Un dann bisse am waaten. 2 Wochen. Dann isset feadich.
Inne Zwischenzeit bisse halt beim Griechen oder Italiäner am essen, is auch voll am schmecken, woll!

Übrigens: Datselbe kannze auch mit Essig machen. Un son selbsgebrannten, pardon, selbstgemachten Himbeeressig, Erdbeeressig oder Birnenessig zum Baispiel, Manno Mann, dat schmeckt wie wenn Mutti immer schon davon am träumen war!

TIP:
Varianten: Nur Steinpilze hinzufügen = Steinpilzöl, nur Trüffel zufügen = Trüffelöl.

Aioli-Sauce

-eZ-

Zutaten	Zubereitung
6 Knoblauchzehen	Knoblauch mit Salz in den Mixer geben. Hacken.
1 Schalotte	Die zwei Eigelb dazugeben.
2 Eigelb	Mixen.
2 1/2 dl Olivenöl	Jetzt tröpferlweise das Öl hinzufügen (wie bei einer
1/2-1 rote eingelegte Chili-Schote	Mayonnaise).
Zitronensaft	Am Ende mit Zitronensaft abschmecken.
bunter Pfeffer	

Salatsauce

-eZ-

1 dl Olivenöl (kaltgepreßt) *1 EL Aceto balsamico* *1 EL Birnenessig (ersatzweise Himbeeressig oder Vinaigre aromatisé au Cassis)* *1 Knoblauchzehe (gepreßt)* *Meersalz & Pfeffer* *etwas Dijon-Senf*	Alles 'irjendswie' durcheinanderrühren. TIP: Zum Thema Salz: Nehmen Sie immer Meer- oder Jodsalz. Wer Kräutersalz mag: bitte, auch das geht, allerdings überdeckt es leicht andere Aromen. Ihr Arzt wird es Ihnen danken. TIP: Zuerst Essig mit Salz vermengen, dann erst Olivenöl hinzufügen.

Vinaigrette

-eZ-

2 EL Aceto balsamico *2 EL Erdbeeressig* *4 EL gutes Olivenöl* *1 kleine Knoblauchzehe (gepreßt)* *roter Pfeffer* *Salz* *1/2 TL Dijon-Senf* *3-4 Tropfen Sesamöl* *Korianderblätter*	Alles 'irjendswie' durcheinanderrühren. *Aber:* Immer erst Essig mit Salz verrühren und dann erst das Öl!

Weißweinsößchen (Mikrowelle)

-eZ-

1/8 l Weißwein	Wein, Nelken, Lorbeerblätter und Essig bei 600 Watt 3 Minuten
4 Nelken	lang im offenen Behälter einkochen.
4 Lorbeerblätter	Butter erhitzen.
1/2 TL Essig	Eigelb in den Wein rühren, bei 600 Watt offen 30 Sekunden lang
(Cassis-Essig)	erhitzen und anschließend gut durchschlagen.
125 g Butter	Dann die Butter unterziehen, abschmecken und z.B. über die
3-4 Eigelb	Lammfilets in Salzkruste geben.

Knoblauchsauce (Mikrowelle)

-eZ, lsv-

2 große junge Knollen	Knoblauchknollen ganz im Bratschlauch locker verschlossen bei
Knoblauch	600 Watt 5 Minuten lang garen. Jetzt lassen sich die Zehen
1 Handvoll frischer	einfach ausdrücken.
Kräuter (Basilikum)	Kräuter waschen und zerkleinern.
50 ml (= 0,05 l) Olivenöl	Alles im Mixer zu einer Paste verrühren.
Salz	Mit Öl abgedeckt hält sich diese Sauce mindestens 14 Tage lang
Cayenne-Pfeffer	im Kühlschrank.
	TIP:
	Ohne Mikrowelle lassen sich die Zehen auch in wenig Flüssigkeit
	einkochen und pürieren.

Rote Sauce

-eZ-

1 kg reife Tomaten	Tomaten und Peperoni in Stücke schneiden.
2 Schalotten	Mit Petersilie, Lorbeerblatt, Zwiebel, Senfkörnern, Zucker und
1 scharfe Peperoni oder	Salz zu einem dicken Mus kochen.
1 Piri-Schote	Nach Geschmack mit Essig mischen.
1 Bündel Petersilie	Kalt zu Bollito misto oder heiß, z.B. zu Frikadellen!
1 EL Senfkörner	
1 Lorbeerblatt	
2 EL Zucker	
1-2 EL Aceto balsamico	

Salsa verde alla genovese

-eZ, lsv-

1 Bund Basilikum	In der Küchenmaschine alle Zutaten zerkleinern, dann salzen und
2 Sardellenfilets	pfeffern.
30 g Pinienkerne	
2 Knoblauchzehen	TIP:
0,2 l Olivenöl	Hält sehr lange im Kühlschrank.
(immer 1. Pressung	
nehmen)	
Salz	
Pfeffer	

Estragonsauce

-eZ-

Für 12 Personen: *120 g Weißbrot* *0,3 l Olivenöl* *3 EL Estragon gehackt* *9 Knoblauchzehen* *3 EL Weinessig* *Salz* *Pfeffer*	Brot im Öl einlegen. Küchenmaschine öffnen. Knoblauch und Estragon rein, hacken, Brot und Öl dazu, vermengen, Essig rein, vermischen. Dann raus damit, salzen, pfeffern und servieren (z.B. zum Fleisch).

Pfeffersauce

-eZ-

4 ganze Markknochen *6 EL (oder mehr) geriebenes* *Weißbrot* *Salz* *0,3 l oder mehr Fleischbrühe* *viel schwarzer Pfeffer*	Mark aus den Knochen holen und in einer Pfanne erwärmen. Geriebenes Weißbrot zugeben und dünsten. Etwas salzen. Mit der Brühe löschen und einkochen. Mit viel schwarzem Pfeffer abschmecken (frischgemahlener Pfeffer natürlich). Die Sauce sollte (vom Pfeffer) dunkel sein.

Frische Senfsauce

-eZ-

4 EL Dijon- oder süßer Senf (englischer) *5 EL milder Weißweinessig* *(auch Sherry- oder Estragonessig* *schmeckt)* *10 EL Traubenkernöl* *Meersalz* *Pfeffer* *grüner Pfeffer* *Dill*	Den Senf mit Essig und Öl verrühren. Mit Salz und Pfeffer abrunden und schließlich mit grünem Pfeffer und Dill abschmecken.

Restesauce vom Backhendl

-eZ-

Reste vom Backhendl *0,4 l Wasser* *1 Hühnerbrühwürfel* *1 Hühnerbrühwürfel mit* *Pilzen (gibt's beim* *Italiener oder Instant* *Pilzsuppe)* *2 Safran - Briefchen* *0,2 l Sahne* *etwas Curry*	Etwa zu Spaghetti oder Tagliatelle. Falls was übriggeblieben ist vom Backhendl (z.B. vom Vorabend) geht's am Folgetag an die Resteverwertung. Reste vom Backhendl zerkleinern Fleisch ins Pfännchen, mit Wasser ablöschen, Zutaten dazu und am Ende mit der Sahne und etwas Curry abschmecken.

Konrads Pesto

-eZ, lsv-

2-3 gr. Knoblauchzehen *50 g Basilikumblätter* *40 g großblättrige* *Petersilie* *300 g frischer Schafskäse* *1/2-1 Tasse gutes* *Olivenöl*	Die Zutaten in der Küchenmaschine zerkleinern bis sie eine saucenähnliche Konsistenz haben. Über die frisch gekochten Spaghetti geben. Pfeffern. Im Glas hält sich dieser Pesto gut 2-3 Wochen (im Kühlschrank). TIP: Immer an den sauberen Löffel denken bei Entnahme (wie bei der Marmelade).

Mascarponesauce

-eZ-

6 Eigelb *120 g Puderzucker* *380 g Mascarpone* *4 EL Rum* *2 EL Zitronensaft* *300 g halbsteife* *Schlagsahne*	Eigelb mit Puderzucker schaumig rühren. Mascarpone mit Rum und Zitronensaft abschmecken. Die halbsteife Sahne unterheben. Sauce auf die Dessertteller geben, dann z.B. das Semifreddo vom Kaffee drauf stürzen und mit Erdbeerscheibchen garnieren. TIPS: Auch Schokoladenmoccabohnen, bzw. echte Kaffeebohnen sind hübsch. Das Semifreddo läßt sich gut vorbereiten und im Tiefkühler aufbewahren - die Mascarponesauce kurz vor dem Servieren vorbereiten.

Nußsauce für Spaghetti

-eZ-

1 Scheibe Weißbrot	Milch und Rahm erhitzen, Weißbrot drin auflösen, dann die restlichen Zutaten beigeben.
0,1 l Milch	Gefühlvoll köcheln (unter ständigem Umrühren) bis der Käse geschmolzen ist.
100 g geriebene Walnüsse	
1 TL Majoran	
Salz & Pfeffer	Zum Schluß mit Salz, Pfeffer und Marsala abschmecken.
0,1 l Rahm	
ein Stückchen Gorgonzola	
(Menge nach Geschmack,	*Varianten:*
also: wer's kräftiger liebt,	Andere Käsesorten.
mehr Käse!)	
etwas Marsala	

Honig-Nuß-Sauce

-eZ, lsv-

Für 12 Personen:	Nüsse hacken, mit Brühe und Senf mischen, Honig zugeben und mischen, bis eine glatte Sauce entstanden ist.
150 g Walnüsse 3 EL Fleischbrühe oder mehr 3 TL Senf 300 g Honig	Läßt sich gut vorbereiten und ist lange haltbar.

Schokoladensauce

-lsv-

| 50 g zartbittere Schokolade
1/8 l Schlagsahne
1/8 l starker Kaffee
2 TL Speisestärke
Amaretto-Likör | Sahne, Kaffee und Schokolade bei 600 Watt in der Mikrowelle 2 Minuten lang schmelzen.
Speisestärke mit wenig Wasser glattrühren und unter die Sauce ziehen
30-45 Sekunden bei 600 Watt aufkochen.
Kräftig umrühren. Mit etwas Amaretto-Likör abrunden und mit steif geschlagener Sahne garnieren. |

Orangenbutter

-eZ-

125 g Butter *1 EL Puderzucker* *1 EL Orangensaft* *1 EL abgeriebene* *Orangenschale* *1 EL Grand Marnier*	Z.B. für Pfannkuchen. Die Zutaten bei Zimmertemperatur miteinander schaumig verrühren.

Marinade für Kalbfleisch

-eZ-

Für ca.1 kg Fleisch: *4 EL Olivenöl* *1/2 TL mittelscharfer* *Dijon-Senf* *1/2 TL Rosmarin* *1/2 TL Majoran* *Salbeiblätter* *Saft und Schale je* *1/2 Zitrone und Orange* *3 EL Weißwein* *1 Messerspitze Paprika*	Diese Marinade über das Fleisch geben und dieses 1-3 Tage drin liegen lassen.

Marinade für Rindfleisch

-eZ-

Für ca. 1 kg Fleisch:
4 EL Olivenöl
1 EL Dijon-Senf
1/2 TL Paprika
1 EL Herbes de Provence
1 TL Salbei
2 EL Worcestersauce
1 Knoblauchzehe
(gepreßt)
gemischter Pfeffer
1 TL getrocknete
Steinpilze (zerdrückt)

Fleisch zwei bis vier Tage in dieser Marinade liegen lassen.

Verwendete Abkürzungen

Zur Einordnung der Rezepte wurden folgende Abkürzungen verwendet:

-lsv-   :=   läßt sich vorbereiten

-eZ-   :=   einfache Zubereitung

-f-   :=   festlich

Rezeptregister